em neu 2008

Deutsch als Fremdsprache – Niveaustufe C1

LEHRERHANDBUCH

Abschlusskurs
Ausgabe 2008

Jutta Orth-Chambah

Michaela Perlmann-Balme

Susanne Schwalb

Hueber Verlag

Quellen

S. 74 Text „Ratte legte Maschine der Swissair für zwei Tage lahm“: Kurzmeldung von Reuters

S. 78 Text „Was britische Schüler über die Deutschen denken“ aus: Die Welt vom 19.11.1996

S. 85 Text „Der Käufer mit dem Code“ von Associated Press (17.10.1997)

S. 87 Text „Gentechnik: Eingriffe am Menschen“ aus: Einsichten 1997/2, Beitrag von Haniel/Redtorff, hrsg. von Venanz Schubert, München

3. 2. 1. | Die letzten Ziffern
2012 11 10 09 08 | bezeichnen Zahl und Jahr des Druckes.
Alle Drucke dieser Auflage können, da unverändert, nebeneinander benutzt werden.
1. Auflage

Druck: Druckhaus Köppl und Schönfelder OHG, Stadtbergen
Printed in Germany
ISBN 978-3-19-521697-5

Inhalt

Teil 1: Konzeption des Lehrwerks

1. Das Baukastensystem 5
2. Didaktischer Ansatz 6
3. Aufbau des Lehrwerks 8
   a) Das Kursbuch 9
   b) Das Arbeitsbuch 10
   c) Beihefte zur Prüfungsvorbereitung 11
4. Fertigkeitstraining 11
   a) Leseverstehen 11
   b) Hörverstehen 12
   c) Schreiben 13
   d) Sprechen 14
5. Vermittlung von Wortschatz und grammatischen Strukturen 15
   a) Wortschatztraining 15
   b) Grammatiktraining 15
6. Prüfungsvorbereitung 16

Teil 2: Methodisch-didaktische Hinweise zu den Lektionen

Hinweise zu Lektion 1 19
Hinweise zu Lektion 2 25
Hinweise zu Lektion 3 29
Hinweise zu Lektion 4 34
Hinweise zu Lektion 5 37
Hinweise zu Lektion 6 40
Hinweise zu Lektion 7 42
Hinweise zu Lektion 8 47
Hinweise zu Lektion 9 51
Hinweise zu Lektion 10 54

Teil 3: Anhang

Transkriptionen der Hörtexte 57
Lösungen Kursbuch 65
Tests zu jeder Lektion
Test Lektion 1 73
Test Lektion 2 und 3 76
Test Lektionen 4 78
Test Lektion 5 81
Test Lektion 6 83
Test Lektion 7 85
Test Lektion 8 87
Test Lektion 9 89
Lösungen zu den Tests 91

Inhalt

Verzeichnis der Info-Boxen: Methodik, Landeskunde, Hintergrund, Spiele

Lektion 1

Methode: Der erste Unterrichtstag 19
Methode: Grundsätzliches zum Schreiben ins Buch 19
Methode: Wandzeitung – Kurszeitung 19
Landeskunde: Presseagentur 20
Methode: Fernsehen und Radio im Unterricht . . . 20
Methode: Wettbewerb 21
Methode: Gesprächssimulation 22
Landeskunde: Fernsehlandschaft in Deutschland . 23
Landeskunde: Presselandschaft 24
Methode: Phonetik 24

Lektion 2

Landeskunde: Bankgeschäfte 26
Landeskunde: Mitfahrzentrale, Mitwohnzentrale . . . 27
Methode: Gruppengespräche 28
Spiel: Verkaufsspiel 29

Lektion 3

Methode: Hörspiele und Hörbücher 30
Hintergrund: „Die unwürdige Greisin" 30
Methode: Stoffergänzung durch Referate 32
Hintergrund: Moritat 34
Spiel: Kettensätze 34

Lektion 4

Methode: Pantomime 37
Methode: Arbeit mit dem Wörterbuch 39

Lektion 6

Landeskunde: Frauen- und Familienpolitik 41
Methode: Korrektur lesen 42

Lektion 7

Methode: Hör-Sehverstehen anhand von Krimis . . . 42
Methode: Erlebte Landeskunde – Gerichtsbesuch . . 43
Landeskunde: Strafmündigkeit 44
Methode: Präsentation von Gruppen- und Partnerarbeit 44
Spiel: Alibi 46

Lektion 8

Methode: Wortigel, Brainstorming 47
Methode: Arbeit mit Video- oder Audiorekorder . . 49
Landeskunde: Gentechnologie 50
Methode: Fehleranalyse 50

Lektion 9

Landeskunde: Jugendstil 51
Spiel: Bilder-Quiz 54

Lektion 10

Methode: Diskussionen 55

Teil 1

Konzeption des Lehrwerks

1. Das Baukastensystem

Abschlusskurs

em neu Abschlusskurs ist der dritte und letzte Band eines umfassenden dreibändigen Unterrichtsprogramms für Fortgeschrittene für die Kurstufen B2 und C1. *em neu Abschlusskurs* stellt Material für maximal 200 Unterrichtseinheiten (20 Unterrichtseinheiten zu 45 Minuten pro Lektion) bereit. Das Lehrwerk eignet sich für Kurse in einem deutschsprachigen Land oder im jeweiligen Heimatland.

Sprachliche Voraussetzungen

em neu Abschlusskurs eignet sich für Lernende, die
- die Stufe B2 erfolgreich absolviert haben,
- die wichtigsten Strukturen der deutschen Sprache bereits anwenden können,
- sich auf eine *Prüfung auf Niveaustufe C1* vorbereiten wollen.

Die em-Bände und der Europäische Referenzrahmen

em neu	Niveaustufen des Europäischen Referenzrahmens	Prüfungen
Brückenkurs	Niveau B1 (Wiederholung) und Einstieg ins Niveau B2	Zertifikat Deutsch
Hauptkurs	Niveau B2	Goethe-Zertifikat B2 ÖSD B2 Mittelstufe Deutsch TestDaF telc Deutsch B2
Abschlusskurs	Niveau C1	Goethe-Zertifikat C1 ÖSD C1 Oberstufe Deutsch TestDaF telc Deutsch C1

Das Niveau C1

Das mit *em neu Abschlusskurs* erreichte sprachliche Niveau entspricht der fünften Stufe (= C1) der sechsstufigen Skala des *Gemeinsamen europäischen Referenzrahmens*.
Teilnehmende auf dieser Stufe können
- ein breites Spektrum anspruchsvoller, längerer Texte verstehen und auch implizite Bedeutungen erfassen,
- sich spontan und fließend ausdrücken, ohne öfter deutlich erkennbar nach Worten suchen zu müssen,
- die Sprache im gesellschaftlichen und beruflichen Leben oder in Ausbildung und Studium wirksam und flexibel gebrauchen,
- sich klar, strukturiert und ausführlich zu komplexen Sachverhalten äußern und dabei verschiedene Mittel zur Textverknüpfung angemessen verwenden.

Lernziel

Das Unterrichtsprogramm von *em neu Abschlusskurs* bringt den Teilnehmenden (TN) modernes Deutsch in Wort und Schrift näher. Im Vordergrund steht die Sprache, wie sie im privaten, öffentlichen und beruflichen Leben verwendet wird.
Die TN lernen,
- komplexere Sachverhalte mündlich und schriftlich darzustellen und zu ihnen Stellung zu nehmen,
- die in ihren Handlungs- und Erfahrungsbereichen relevanten Ziele in sprachlich angemessener Weise auf Deutsch zu realisieren,
- für sie relevante Informationen in immer umfangreicheren und komplexeren Texten beim Lesen, Hören und kombinierten Hören und Sehen verstehen zu können,
- sich in einer dem Schreibanlass angemessenen Form sprachlich weitgehend korrekt mitteilen zu können und komplexe Sachverhalte schriftlich darzustellen und/oder zu ihnen Stellung zu nehmen.[1]

Das Lehrwerk trainiert die vier Fertigkeiten (Lesen, Hören, Schreiben und Sprechen) anhand einer Vielfalt von Textsorten und kommunikativen Anlässen. Zur Bewältigung der Aufgaben vermittelt es ein an die Bedürfnisse von Fortgeschrittenen angepasstes sprachliches Wissen im Bereich Wortschatz und Grammatik. Darüber hinaus leitet das Lehrwerk die TN dazu an, ihren Lernprozess bewusst zu gestalten und ihre Lern- bzw. Prüfungstechniken zu optimieren.

Lernerprofile

em neu Abschlusskurs eignet sich für folgende Lernergruppen:
- Personen, die mit Blick auf die jetzige oder eine spätere Berufstätigkeit lernen,
- Personen, die im Zusammenhang mit einer Ausbildung oder einem Studium in einem deutschsprachigen Land bzw. im Heimatland lernen, und
- Personen, die zur allgemeinen Weiterbildung, als Freizeitbeschäftigung oder aus persönlichem Interesse lernen.

[1] siehe auch: Lehrpläne für die Goethe-Institute in Deutschland: Lernziele und Lerninhalte der Mittelstufe, S. 103 ff, München 1996

Bedürfnisanalyse

em neu ist ein flexibles Lehrwerk im Baukastensystem. Es ermöglicht der Kursleitung (KL), gemeinsam mit den TN ein individuell auf ihre Bedürfnisse abgestimmtes Lernprogramm zusammenzustellen. Voraussetzung für ein maßgeschneidertes Kursprogramm ist eine Bedürfnisanalyse am Kursanfang. Im Arbeitsbuch findet sich ein Fragebogen zur Analyse der Lerninteressen sowie Aufgaben zur Ermittlung des Lernerprofils (S. AB 8 f.).
Zur Bewusstmachung des jeweils zweckmäßigen Lernprogramms und der möglichen Auswahl dient die Inhaltsübersicht *Kursprogramm* am Anfang des Buches (Kursbuch S. 4 ff.). Die Auswahl der Lerninhalte durch KL und TN geschieht im Normalfall im Hinblick auf die angebotenen Themen und Fertigkeiten. Sie kann aber auch an den Textsorten orientieren, die für die Zielgruppe besonders relevant sind. Ziel der Bedürfnisanalyse in der Klasse am Anfang eines Kurses ist es, die gemeinsame Schnittmenge zu ermitteln, durch die möglichst viele individuelle Interessen der TN abgedeckt werden.

Kursplanung

Am Kursanfang macht KL auf der Basis der Bedürfnisanalyse in der Klasse eine Grobplanung für das gesamte Kursprogramm.
Im Verlauf des Kurses erfolgt dann eine Feinplanung in Form von Wochen- bzw. Semesterplänen.
Wochenpläne eignen sich bei Intensiv- bzw. Semi-Intensivkursen. In Extensivkursen empfiehlt sich dagegen die Arbeit mit Semesterplänen. Wenn KL diese Pläne im Klassenraum aufhängt oder den TN austeilt, führt dies zu mehr Transparenz der Unterrichtsinhalte und hilft bei der Reflexion des Lernfortschritts.

Kurstypen

Aufgrund seines flexiblen Aufbaus eignet sich *em neu Abschlusskurs* als kurstragendes Lehrwerk in verschieden strukturierten Kursen:
- Intensivkurse (20–30 Unterrichtseinheiten pro Woche),
- Semi-Intensivkurse (6–12 Unterrichtseinheiten pro Woche),
- Extensivkurse (3–6 Unterrichtseinheiten pro Woche).

Lehrertypen

em neu Abschlusskurs eignet sich als Lehrwerk nicht nur für erfahrene Lehrkräfte, die in der Lage sind, das dargebotene Material souverän in ihren Klassen einzusetzen. Es richtet sich insbesondere auch an Lehrkräfte, die erste Erfahrungen im Fortgeschrittenenunterricht sammeln. Hilfreich ist für diese Lehrkräfte der auf jeder Seite bzw. Doppelseite des Kursbuchs vorgegebene Stundenaufbau. Zusammen mit den Hinweisen zum Einbeziehen der Übungen des Arbeitsbuches AB 8 3 ist jede Unterrichtseinheit bereits vorstrukturiert. Mit geringfügigen Variationen hat dieser Aufbau die folgende Struktur:
a) Vorentlastung,
b) Präsentation des Textes bzw. der Situation bzw. des Schreibanlasses,
c) Aufgaben, insbesondere halboffene und geschlossene Aufgaben zu den Lese- und Hörtexten,
d) Nachbehandlung in Form von Ausblick bzw. Transferaufgabe.

KL können sich bei der Arbeit mit *em neu Abschlusskurs* verstärkt den Lernenden zuwenden. Der Schwerpunkt ihrer Arbeit liegt in der Unterstützung des Lernprozesses durch Steuerung des Unterrichtsgeschehens und Korrektur von TN-Leistungen.

2. Didaktischer Ansatz

Das Lehrwerk *em neu* orientiert sich an den Curricula für die Kurse der Goethe-Institute in Deutschland. Diese setzen die Kann-Beschreibungen des *Gemeinsamen europäischen Referenzrahmens*, bezogen auf die zeitlichen und organisatorischen Einheiten von Kursmodulen, um. *em neu* greift darüber hinaus drei Grundgedanken auf, die in den *Rahmenrichtlinien für den Mittelstufenunterricht* an Goethe-Instituten formuliert wurden:[2]
- Lernerzentriertheit / Eigenständigkeit der Lernenden,
- Handlungsorientierung der Aufgaben,
- Textsorte als curriculares Planungsmittel.

Lernerzentriertheit / Eigenständigkeit der Lernenden

Das Lehrwerk *em neu* ist lernerzentriert. Das bedeutet, die Aktivität im Unterrichtsgeschehen wird soweit wie möglich auf die Lernenden selber verlagert. Dieser Ansatz zeigt sich in verschiedenen Aspekten:

– Verantwortung

Die TN werden in *em neu* in allen 3 Bänden schrittweise dahin geführt, die Verantwortung für ihr eigenes Lernen zu übernehmen. Sie werden angeleitet, eigene Lernziele zu formulieren und aus dem Angebot an Unterrichtsmaterialien mit auszuwählen, was sie lernen möchten.

– Art der Aufgaben

Die Aufgaben des Lehrwerks sind auf eigenständiges Arbeiten der TN angelegt. Sie erlauben es den einzelnen Lernenden, sich den Lernstoff induktiv zu erarbeiten und aktiv am Unterrichtsgeschehen mitzuwirken. KL kommt vor allem die Rolle des Moderators oder Korrektors zu. Besonders deutlich wird das bei der Erarbeitung der Grammatik. Hier geht die Aktivität von den Lernen-

[2] Rahmenrichtlinien für den Mittelstufenunterricht am Goethe-Institut, München 1995.

den aus, die das jeweilige Phänomen sammeln, ordnen und die dazugehörige Regel selbst formulieren.

– verschiedene Lernertypen

Das Abwechseln verschiedener Aufgabentypen soll dazu beitragen, den verschiedenen Begabungen und Interessen der TN eines Kurses Rechnung zu tragen. So findet der visuelle Lernertyp alle wichtigen sprachlichen Strukturen in Übersichten visualisiert, für kreative Lernende gibt es vor allem im Arbeitsbuch Spiele (z. B. Lektion 7 S. AB 74), der kommunikative kann mit Lernpartnern zusammenarbeiten usw.

– Sozialformen und partnerschaftliches Lernen

Das Lernen voneinander hat in der Konzeption von *em neu Abschlusskurs* einen hohen Stellenwert. Daher spielen Partner- und Gruppenarbeit als Sozialformen des Unterrichts eine zentrale Rolle.

Die Aufgaben im Kursbuch sind in der Regel so angelegt, dass die TN ihr Vorwissen aus unterschiedlichen biografischen wie auch kulturellen Hintergründen einbringen können.

– Projektarbeit, Diskussionen und Bilder als Sprechanlässe

Besonders in multikulturell zusammengesetzten Klassen ermöglichen Aufgaben zum Vorwissen der Lernenden einen Erfahrungsaustausch, der über das Lernen von sprachlichen Strukturen hinausgeht. Das Angebot an aufbereiteten Diskussions- und Sprechanlässen soll einen authentischen Erfahrungsaustausch zwischen den TN anregen und vertiefen.

– Lernerfolgskontrolle

Aktiv sind die Lernenden auch im Hinblick auf die Bewertung ihres Lernerfolges. Mithilfe von dafür eigens erstellten Aufgaben (*Lernkontrolle* am Ende jedes Kapitels im Arbeitsbuch) beobachten die Lernenden, um welchen Lernschritt es im Unterricht geht. Sie werden in den Aufgaben dazu angeleitet, den eigenen Lernfortschritt zu beobachten und zu bewerten (vgl. z. B. S. AB 18).

Handlungsorientierung der Aufgaben

em neu Abschlusskurs geht von sprachlichen Intentionen und Funktionen aus. Das Interesse verlagert sich weg von der reinen Wissensvermittlung. Nicht mehr das Grammatikparadigma ist Ziel des Unterrichts, sondern eine Zielaktivität wie zum Beispiel „an einer Diskussion teilnehmen“, die im realen Leben gebraucht wird. Die Vermittlung der sprachlichen Strukturen ist diesem sprachlichen Handeln untergeordnet. Wenn die Lernenden gesprochene oder geschriebene Sprache produzieren sollen, entwickeln die Aufgaben dafür in der Regel einen Kontext. Sprechen oder Schreiben ist damit eingebettet in realistische Situationen und Anlässe.

Textsorte als curriculares Planungsmittel

– Textauswahl

Das Lehrwerk *em neu Abschlusskurs* bietet eine große Zahl von verschiedenen Textsorten an. Auswahlprinzip war einerseits die Relevanz für eine breit definierte Zielgruppe, d. h. es werden solche Textsorten angeboten, die für die Lernenden eine Rolle in ihrem realen Leben spielen oder spielen werden. Ein weiteres Auswahlkriterium war ihr Schwierigkeitsgrad im Verhältnis zu dem sprachlichen Können der Lernenden auf der Stufe C 1.

– Authentizität

Die präsentierten Textsorten spiegeln die Vielfalt der sprachlichen Realität außerhalb des Klassenzimmers wider. Anzutreffen sind die typischen Textsorten der Presse wie Nachricht, Reportage oder schriftlicher und mündlicher Kommentar, ebenso wie Magazinbeiträge, Lexikonartikel, Sach- und Fachtexte. Daneben treten literarische Textsorten wie Erzählung und Lied. Diese Textsortenorientierung gilt für alle vier Fertigkeiten.

Die angebotenen Beispiele zu den Textsorten präsentieren authentische Gegenwartssprache. Sie beziehen Varietäten des Deutschen, d.h. die österreichische oder schweizerische, ein.

– Rezeptionsstile

Textsorten legen oft bestimmte Rezeptionsstile nahe. So lesen wir in der Realität manche Texte Wort für Wort, andere dagegen überfliegen wir. Eine literarische Erzählung wird intensiver gelesen als eine unter vielen Kurznachrichten in einer Zeitung. Dieses Prinzip hält nun auch Einzug ins Klassenzimmer. Rezeptionsstile und -strategien werden ausführlich geübt.

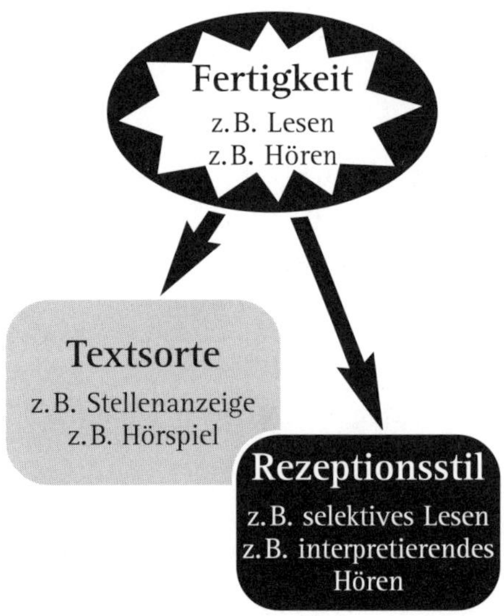

– Nomenklatur

Bei der Benennung einzelner Textsorten besteht in Fachkreisen Uneinigkeit. Ob ein Text eher als „Reportage“

Textsortenübersicht[3]

Rezeption		Produktion	
schriftlich = Lesen	mündlich = Hören	schriftlich = Schreiben	mündlich = Sprechen
nicht fiktional - Biografie - Diagramm - Fachtext - Grafik - Internet-Artikel - Kommentar - Kurzmeldungen - Lexikonartikel - Ratgeber - Reportage - Sachbuchtext - Statement - Tipp - Vortrag - Werbebroschüre	*nicht fiktional* - Auskunftsgespräch - Bildinterpretation - Expertengespräch - Kurzkritik - Radiofeature - Radiokommentar - Radiosendung - Finanzen - Unterhaltung	*informelles Register* - persönlicher Brief - E-Mail - Textzusammenfassung *formelles Register* - Anfrage - Leserbrief - Mitteilung - Reklamation - Referat	*informelles Register* - Aushandeln - Diskussion - Klassenumfrage - Nonsense-Debatte *formelles Register* - Beratungsgespräch - Diskussion - Interview - Präsentation - Streitgespräch
fiktional - Erzählung - Kurzprosa (ironischer Text)	*fiktional* - Kurzprosa - Lied	*kreativ* - Meldung erfinden - Mini-Krimi - Plakat	*kreativ* - Bild als Sprechanlass - Projekt-Präsentation - Rede halten

[3] Vgl. Rahmenrichtlinien, S. 106 ff. 1995, S. 106; Lehrpläne, S. 108 ff.

oder als „Sachtext", ein Gespräch, in dem Meinungen ausgetauscht werden, eher als Diskussion, Streitgespräch oder Debatte zu bezeichnen ist, darüber lässt sich im Einzelfall streiten. Entscheidend ist für die TN, welche Merkmale für diesen Text typisch sind.

3. Aufbau des Lehrwerks

Vier Komponenten

Das Lehrwerk hat folgende Teile:
- Kursbuch,
- Arbeitsbuch mit vertiefenden und weiterführenden Übungen,
- CDs mit Hörtexten und Aussprachetraining,
- Lehrerhandbuch.

Für die Vorbereitung auf die Prüfungen der Niveaustufe C1 stehen außerdem Beihefte zur Verfügung.

Zehn Lektionen

Das Kursbuch *em neu Abschlusskurs* ist in zehn Lektionen unterteilt. Ausgangspunkt der Lektionen sind typische Ressorts in Zeitschriften und Magazinen wie z. B. Kurzmeldungen (Lektion 1), Ratgeber (Lektion 2), Wissenschaft und Forschung (Lektion 8) sowie die kulturellen Ressorts Literatur (Lektion 3) und Kunst (Lektion 9). Dabei werden jeweils relevante Textsorten präsentiert (z. B. Magazinbeitrag in „Wissenschaft und Forschung", kunsthistorischer Fachtext in „Malerei").
Zentrales Lernziel ist der bewusste Umgang mit diesen Textsorten und deren spezifischen Merkmalen, z. B. in Lektion 3 der literarische Ganztext „Erzählung". Thematische Aspekte wie z. B. Karriere (Lektion 6), Kriminalität (Lektion 7), Psychologie (Lektion 5) runden das Programm ab.

Bausteine des Baukastens

Eine Lektion setzt sich aus überschaubaren Bausteinen – den Rubriken – zusammen. Die Rubriken in jeder Lektion sind:
- vier Fertigkeiten: Lesen, Hören, Schreiben, Sprechen,
- zwei Bereiche sprachlichen Wissens: Wortschatz, Grammatik.

Jede Rubrik steht für sich und ist eine Einheit. Das bedeutet: Wer in Lektion 1 gerne Sprechen trainieren möchte, kann dies auch tun, ohne vorher die Rubriken Lesen oder Wortschatz durchgearbeitet zu haben. Man kann das Buch **Seite für Seite** durcharbeiten, doch lässt sich auch mit einem **selektiven** Vorgehen noch ein abgerundetes Kursprogramm gestalten. Die übersichtliche Gestaltung durch Signalfarben macht es leicht, bedürfnisorientiert vorzugehen.

Lektionsaufbau

Beim Aufbau der Lektionen wurde bewusst die Reihenfolge der Rubriken abwechslungsreich gestaltet. Mal beginnt eine Lektion mit Lesen (vgl. Lektion 1, 5, 7, 8 und 9), mal mit Wortschatz (vgl. Lektion 2) oder mit Hören (vgl. Lektion 4 und 10). Sind mehrere Texte zum Lesen oder Hören bzw. mehrere Schreib- und Sprechanlässe vorhanden, sind sie durchnummeriert (z.B. Lesen 1). Das Programm einer Lektion ist in sich wiederum so gegliedert, dass ein logischer, vom Schwierigkeitsgrad ansteigender Ablauf entsteht.

Inhaltsverzeichnis

Auf Seite 3 des Kursbuchs findet sich ein chronologisch aufgebautes Inhaltsverzeichnis. Es dient vor allem dazu, dass der Leser eine bestimmte Seite bzw. einen Text rasch wiederfindet. Auf den Seiten 4–7 ist der Inhalt des Kursbuchs noch einmal unter dem Titel *Kursprogramm* nach Rubriken geordnet. Diese Darstellungsform verschafft KL und TN einen raschen Überblick über die Systematik dieses Buchs und dient zur Auswahl des Kursprogramms.

a) Das Kursbuch

Einstiegsseiten

Jede Lektion beginnt mit einem Foto als Sprech- oder Schreibanlass, was einen spielerischen Einstieg ins Lektionsthema möglich macht. Dabei ergeben sich meist verschiedene Deutungen des Bildes. Diese Vieldeutigkeit ist gewollt, denn auf diese Weise entstehen interessante und immer wieder aktuelle Sprechanlässe. Zugleich ermöglichen die Einstiegsseiten eine Aktivierung des bei den Lernenden vorhandenen Vorwissens. Lernziele und Aufgaben der Einstiegsseiten wechseln je nach Thema:
- seinen Lernpartner / seine Lernpartnerin interviewen und vorstellen, z.B. S. 9
- Vermutungen zu den abgebildeten Personen oder dem Thema formulieren, z.B. S. 19, 79
- das Foto bzw. die Person darauf beschreiben, z.B. S. 55, 67, 103
- über eigene Erfahrungen sprechen, z.B. S. 9, 31.

Rezeption und Produktion

Der Hauptteil jeder Lektion ist dem Training der vier Fertigkeiten Lesen, Hören, Schreiben und Sprechen gewidmet. Jeweils die Kopfzeile zeigt an, welche Fertigkeit gerade geübt wird. Spezifische Merkmale der Rezeption und der Produktion sind Gegenstand von Aufgaben und Übungen, in denen z.B. die jeweils vorliegende Textsorte (z.B. Zeitungsmeldung) reflektiert wird. Zugleich ist das Fertigkeitstraining häufig integrativ, d.h. es bieten sich Transfermöglichkeiten von einer Fertigkeit zur anderen.
Der Fertigkeit Lesen ist besonders breiter Raum gegeben, und zwar aus zwei Gründen: Zum einen ist das Lesen für alle TN, insbesondere aber jene außerhalb der deutschsprachigen Länder, als Basis der Informationsbeschaffung und -auswertung von besonderer Bedeutung. Zum anderen ist die Grammatik aus den Lesetexten entwickelt. Nachdem die spezifischen Leseaufgaben bearbeitet wurden, untersuchen die Lernenden die Lesetexte auf ihre sprachlichen Strukturen.
em neu Abschlusskurs trainiert gezielt die produktiven Fertigkeiten. Das zeigt sich an der Reservierung von mindestens zwei ganzen Kursbuchseiten pro Lektion für das Schreiben und Sprechen. Die schriftliche und mündliche Ausdrucksfähigkeit wird auf diesen Seiten durch vielfältige Hilfestellungen systematisch aufgebaut.

Wortschatzseiten

Bei fortgeschrittenen TN liegen die rezeptiven Fähigkeiten erheblich über den produktiven. Wegen des Niveauunterschieds von aktivem und passivem Wortschatz ist der Aufbau der aktiven Ausdrucksfähigkeit auf der Stufe C1 ein wichtiges Lernziel. Deshalb nehmen die Wortschatzseiten einen eigenen Platz neben den vier Fertigkeiten ein. In jeder Lektion findet sich eine Seite, die speziell der Erweiterung des aktiven Wortschatzes gewidmet ist. An dieser Stelle können thematisch relevante Wörter noch einmal unabhängig von den spezifischen Rezeptionstexten erarbeitet und vertieft werden.

Training von Lerntechniken

Eine Reihe von Aufgaben ist dem Training von Lerntechniken oder von Prüfungstechniken gewidmet, die für die Prüfungen auf dem Niveau C1 relevant sind. Dieses Trainingsprogramm zur Organisation des Lernens versetzt die TN in die Lage, ihren individuellen Lernprozess selbst zu steuern und sich bestimmte Techniken zur Bearbeitung von Prüfungsaufgaben bewusst zu machen.

Grammatikdarstellung

In *em neu Abschlusskurs* werden anspruchsvollere grammatische Themen behandelt, die in den beiden Bänden *Brückenkurs* und *Hauptkurs* noch nicht zur Sprache kommen. Dazu gehören z.B. Modalpartikeln, Nomen-Verb-Verbindungen, der subjektive Gebrauch der Modalverben und die Verwendung von „es“.

em neu Abschlusskurs greift zudem Grammatikthemen auf, die in den Bereich Wortschatz und Idiomatik übergehen, wie z.B. Formen der Redewiedergabe, Nomen-Verb-Verbindungen oder die Adjektivnegation.
Innerhalb der Lektionen werden die einzelnen Phänomene und Regeln der Grammatik meist aus den Lesetexten entwickelt und durch Übersichten und farbige Kästen grafisch hervorgehoben. Bei der Progression wurden pragmatisch-funktionale Aspekte in den Vordergrund gestellt. Wichtigstes Ziel ist der Ausbau der kommunikativen Kompetenz in allen vier Fertigkeiten. Der Grammatik kommt dabei keine Führungsrolle, wohl aber eine wichtige Mittlerfunktion zu.

Referenz- und Nachschlageseiten

Auf der letzten Seite jeder Lektion (Lektion 9: zwei Seiten) ist der gesamte Grammatikstoff, der aus den Lesetexten induktiv entwickelt wurde, übersichtlich zusammengefasst. Dieser Anhang gibt den TN die Möglichkeit, sich zu jeder Zeit noch einmal einen Überblick über das Gelernte zu verschaffen. Er hilft, strukturelle Zusammenhänge zu begreifen und zu behalten.

Unterrichtsprojekte und Spiele

Für die Lebendigkeit des Unterrichts sorgen zum einen Unterrichtsprojekte. Sie sind sowohl an einem Kursort in einem deutschsprachigen Land als auch im Heimatland durchführbar.
In diesem Lehrerhandbuch finden sich außerdem eine Reihe von Spielanleitungen für die Lehrkraft, die damit für die richtige Gruppendynamik und Spaß am Lernen sorgen kann.

b) Das Arbeitsbuch

Einsatz des Arbeitsbuchs im Kurs

Das Arbeitsbuch lässt sich einerseits im Kurs zur Vertiefung und Erweiterung einzelner Aspekte verwenden. Andererseits eignet es sich gut für eine Nachbereitung des Kurses durch die TN als Hausaufgabe. Alle Übungen im Arbeitsbuch sind durchnummeriert und mit einem Verweis versehen, zu welcher Stelle im Kursbuch sie passen. Im Kursbuch findet sich ebenso ein Hinweis, welche Übungen es im Arbeitsbuch zu dem behandelten Gebiet gibt.

Rubriken

Die Lektionen im AB unterteilen sich in vier Rubriken:
- Lernwortschatz der Lektion,
- Übungen zum Kursbuch,
- Aussprachetraining,
- Lernkontrolle.

Lernwortschatz

Jeder Lektion im Arbeitsbuch vorangestellt ist der Wortschatz der Lektion. Dabei handelt es sich um eine Auswahl derjenigen Wörter aus der Lektion, die für die Spracherwerbsstufe relevant sind und die die TN in jedem Falle passiv, möglichst sogar aktiv beherrschen sollten. Diese Vorgabe des relevanten Wortschatzes jeder Lektion macht das Lernpensum für die TN transparent. Bei der Auswahl wurde darauf geachtet, dass die Anzahl der Einträge im Bereich des Lern- bzw. Behaltbaren bleibt. Die Listen sind nach Verben, Nomen, Adjektiven/Adverbien und idiomatischen Ausdrücken geordnet. Innerhalb jeder Gruppe herrscht die alphabetische Reihenfolge. Dieses Ordnungsschema hebt diese – lediglich als Kontrolle gedachten – Listen ab von den nach Wortfeldern angelegten Wortschatzseiten im Kursbuch. Der in den Lernwortschatzseiten aufgeführte Wortschatz ist Grundlage für die Wortschatz- und Grammatikübungen im Arbeitsbuch.

Übungen zum Kursbuch

Der Hauptteil der Arbeitsbuchlektionen ist Übungen gewidmet, mit denen der Stoff des Kursbuchs nachbereitet, gefestigt und vertieft wird. Die Rubriken des Kursbuchs sind als Spezifizierung der Übungen wieder aufgenommen. Titel und Rubrikzuordnung (*Grammatik, Wortschatz, Lesen* etc.) erleichtern die Auswahl der passenden Übungen. Die Anordnung der Übungen richtet sich nach ihrem Bezug zu den Kursbuchteilen.

Schwerpunkt: Grammatik und Wortschatz

Schwerpunkt des Übungsprogramms ist die Einübung von Wortschatz und Grammatik einer Lektion. Wo immer möglich wurden Wortschatz und Grammatik in Kontexte eingebettet. So werden z.B. authentische bzw. semi-authentische Texte als Basis für Lückentexte und Einsetzübungen verwendet. Darüber hinaus gibt es Aufgaben zu den Lesestrategien, zu Transkriptauszügen der Hörtexte, zu den Redemitteln der Sprechaufgaben oder zum Schreiben. Im Arbeitsbuch wurde außerdem Rollenspielen und anderen kreativen Sprechaufgaben Platz eingeräumt.

Videotipps

Das Lehrwerk gibt Anregungen zu weiterführenden Hör-Seh-Angeboten. Da an zahlreichen Kursorten die Möglichkeit besteht, Videofilme im Unterricht, in einer Mediothek oder im Rahmenprogramm des Kurses zu zeigen, verweist das Arbeitsbuch in den Lektionen 2, 3, 4, 5, 6, 7 und 9 auf zum Lektionsthema passende Videofilme. Aber auch für TN, die keinen Zugang zu den beschriebenen Filmen haben, sind die Aufgaben relevant. Die kurzen Inhaltsangaben der Filme sind nämlich jeweils mit Lese-, Schreib- oder Wortschatzaufgaben versehen, sodass sie als Übungen von allen Lernenden bearbeitet werden können.

Aussprachetraining

Eine eigene Rubrik des Arbeitsbuchs ist der Verbesserung der Aussprache gewidmet. Die Aufgaben setzen auf dem Niveau der fortgeschrittenen TN an und behandeln einzelne verbreitete Schwierigkeiten, vor allem in den Bereichen Betonung und Satzmelodie. Die Übungen behandeln solche Ausspracheprobleme, die TN verschiedener Muttersprachen gemeinsam haben.

Lernkontrolle

Das Arbeitsbuch bietet, neben den Seiten mit dem Lernwortschatz, Lernkontrollseiten an. Auf der letzten Arbeitsbuchseite in den Lektionen findet sich eine Übersicht über das Arbeitspensum jeweils der letzten beiden bearbeiteten Lektionen. Dieses Element hilft den Lernenden, ihren Lernprozess aktiv zu beobachten und ihren individuellen Lernfortschritt zu kalkulieren. Mithilfe des Rasters können die TN Revue passieren lassen, was Gegenstand der Lektionen war. (Sofern sie nur ausgewählte Teile daraus bearbeitet haben, gelten nur diese für sie.) Das so festgehaltene Ergebnis kann als Basis für ein individuelles Gespräch zwischen TN und KL dienen.

c) Beihefte zur Prüfungsvorbereitung

Siehe Seite 16.

4. Fertigkeitstraining

a) Leseverstehen

Textsortenspezifisches Lesetraining

Ausgehend von Textsorten in der Realität sensibilisiert *em neu* die TN zunächst für deren Merkmale. Sie lernen Signale wie z. B. Überschrift, Layout und begleitendes Bildmaterial als Lesehilfe einzusetzen.

Lesestile und Textverstehen

Anhand verschiedener Textsorten trainieren die TN die verschiedenen Lesestile. Geübt werden neben dem traditionellen „totalen" Lesen auch das Überfliegen eines Textes (vgl. Kursbuch S. 10), das selektive Lesen nach bestimmten Einzelheiten (vgl. Kursbuch S. 92) und das Verstehen von Meinungen (vgl. Kursbuch S. 69 f.). Die TN lernen, eine Unterscheidung zwischen Wesentlichem und Unwesentlichem vorzunehmen. Außerdem lernen sie, unbekannten Wortschatz aus dem Kontext oder aus bekannten Wörtern zu erschließen.

Wir unterscheiden folgende Formen des Textverstehens:

– *Globales Textverstehen*
auch **kursorisches** oder **überfliegendes Lesen** genannt: mit den Augen schnell über den Text gehen und dabei bestrebt sein, das Wesentliche über den Inhalt zu erfassen, sich auf Hauptaussagen und den roten Faden konzentrieren;

– *Selektives Textverstehen*
gezielt nach Einzelheiten suchen und diese lokalisieren;

– *Detailliertes Textverstehen*
Einzelheiten in Passagen / im gesamten Text verstehen;

– *Totales Textverstehen*
den gesamten Text genau lesen und verstehen;

– *Interpretierendes Textverstehen*
verstehen, was „zwischen den Zeilen" ausgedrückt ist.

Lesestrategien

Lesestrategien, die *em neu Abschlusskurs* übt, sind:

Lektion 1	Überfliegendes und globales Textverstehen;
Lektion 2	Hauptinformationen reproduzieren, selektives Verstehen;
Lektion 3	Hauptaussagen entnehmen, interpretierendes Textverstehen;
Lektion 4	globales und detailliertes Textverstehen;
Lektion 5	Einzelheiten entnehmen, Kurztexte rekonstruieren, Erkennen von Standpunkten;
Lektion 6	Einzelheiten entnehmen, Meinungen lokalisieren, verstehen und exzerpieren;
Lektion 7	globales und detailliertes Textverstehen, Meinungen verstehen und analysieren;
Lektion 8	Entnahme von Hauptinformationen, Ergänzen einer Textzusammenfassung, globales und detailliertes Textverstehen;
Lektion 9	Hauptaussagen entnehmen, detailliertes Textverstehen;
Lektion 10	globales und detailliertes Textverstehen, Entnahme der Hauptaussagen.

Aufgaben vor dem Lesen

Eine systematische Vorentlastung in Form von Aufgaben vor dem Lesen baut die Hemmschwelle vor einem umfangreichen oder schwierigeren Text ab. Eine wichtige Rolle spielt hier das Weltwissen, das die TN über verschiedene Textsorten, deren Intentionen sowie über das Thema des Textes bereits mitbringen. Im Rahmen solcher vorentlastender Aufgaben sollen die TN

- über eigene Erfahrungen und die Situation im Heimatland berichten, z. B. S. 69;
  visuelles Begleitmaterial des Textes aktiv auswerten, z. B. S. 98;
- über ein Bild sprechen oder schreiben, z. B. S. 80;
- Vorwissen über das Thema aktivieren, z. B. S. 26;

- Erwartungen aufgrund von Überschrift, Layout und dergleichen aktivieren, z. B. S. 98;
- thematisch verwandte Kurztexte/Aussagen als Einstieg bearbeiten, z. B. S. 69, 82.

Aufgabentypen zum Leseverstehen

em neu Abschlusskurs bietet ein umfangreiches Übungsprogramm an. Dieser Abwechslungsreichtum basiert darauf, dass die Aufgaben sich an den Erfordernissen der Textsorten und den jeweiligen Lernzielen ausrichten. Folgende Aufgabentypen werden eingesetzt:
- Zuordnung von Textteilen bzw. Stichworten, z. B. S. 11
- Zuordnung von Überschriften zu Textabschnitten, z. B. S. 23, 122
- Notizen in einem Raster ergänzen, z. B. S. 58
- Textstellen lokalisieren, z. B. S. 82–83
- Informationen von Bild und Text vergleichen, z. B: S. 108
- Fragen zum Text, z. B. S. 27
- Textstellen interpretieren, z. B. S. 33–37
- über den Fortgang einer Geschichte spekulieren, z. B. S. 37
- Sprachstil und Aufbau eines Textes zuordnen, z. B. S. 80
- eine Textzusammenfassung ergänzen, z. B. S. 100
- Fehler in einer Textzusammenfassung erkennen, z. B. S. 52

Aufgaben nach dem Lesen

Nachdem sich die TN mithilfe der Aufgaben den Inhalt des Lesetextes selbst erarbeitet haben, erfolgt eine Auswertung der Lösungen bzw. der Lösungsvarianten in der Klasse. In der Regel schließt sich an die Klärung des Inhalts das aus den Lesetexten entwickelte Grammatikprogramm an.

Die nicht-grammatischen Aufgaben **nach** dem Lesen dienen auch dazu, den TN Transfermöglichkeiten anzubieten. So werden sie z. B. gebeten, die behandelte Thematik auf den eigenen Kontext zu übertragen oder Stellung zu dem Gelesenen zu beziehen. Beispiele:
- Bewertung oder persönliche Reaktionen zu dem Gelesenen, z. B. S. 62,
- Interpretation, z. B. S. 37,
- Gespräch zum Bezug des Gelesenen auf die aktuelle oder die eigene Situation, z. B. S. 27, 124.

b) Hörverstehen

Textsortenspezifisches Hörtraining

Auch beim Hören ist der Ausgangspunkt die Vielfalt der in der Realität vorkommenden und für die TN relevanten Textsorten wie Kurzkritiken (S. 17), eine Radiosendung (S. 22), ein Lied (S. 41), eine Unterhaltung (S. 44), eine Radiodokumentation (S. 127), eine Rede (S. 96) und eine Bildinterpretation (S. 108). Der Schwierigkeitsgrad der Texte lässt sich bereits an der Textstruktur festmachen: Im Vergleich zum *Brückenkurs* bietet der *Abschlusskurs* beispielsweise nur noch wenige „Zwei-Personen-Gespräche" an (Auskunftsgespräch S. 25, Gespräch mit einer Personalchefin S. 72, Gespräch mit einem Psychoanalytiker S. 59). Die angebotenen Hörtexte sind authentisch und somit in einem für die Textsorte üblichen Sprechtempo gesprochen.

Varianten des Deutschen

Da Deutsch außer in Deutschland auch in Österreich, in Liechtenstein und in der Schweiz Landessprache ist, kommt zu der Textsortenvarianz eine Varianz der Akzente hinzu. So ist beispielsweise der Radiokommentar in Lektion 1 vom Bayerischen Rundfunk; der Kommentator spricht mit süddeutscher Färbung. Bei der Unterhaltung über richtiges Benehmen in Lektion 4 sind verschiedene Varietäten des Deutschen repräsentiert.

Hörstile und Textverstehen

Wie beim Lesetraining bilden auch beim Hörverstehen die verschiedenen Textsorten die Grundlage für das Training der Hörstile. Daher bearbeiten die TN Texte mit unterschiedlicher Intensität. Neben dem genauen Hören üben die TN das globale und das selektive Hören nach Einzelheiten. Außerdem sollen sie auf diesem Sprachniveau auch Meinungsäußerungen als solche erkennen und verstehen lernen.

Hörstrategien

Hörstrategien, die *em neu Abschlusskurs* trainiert, sind:

Lektion 1	Hauptaspekte erkennen und ordnen, Meinungen verstehen, Standpunkte erkennen, selektiv Informationen entnehmen;
Lektion 2	globales Textverstehen, Entnahme von Hauptinformationen, Notieren von relevanten Informationen;
Lektion 3	Poetische Sprache in einem Lied verstehen und interpretieren, Textstellen reproduzieren;
Lektion 4	Entnahme der Hauptaussagen und Einzelheiten, Informationen reproduzieren;
Lektion 5	Entnahme der Hauptaussagen und Einzelheiten;
Lektion 6	Informationen reproduzieren, Hauptaussagen entnehmen;
Lektion 7	Hauptaussagen entnehmen;

Lektion 8 Informationen mitnotieren;
Lektion 9 Stichworte zum Gehörten mitnotieren;
Lektion 10 gehörte Informationen reproduzieren.

Präsentation der Hörtexte

Die Präsentation der Hörtexte im Unterricht erfolgt entweder als Ganzes oder in Abschnitten. Die Hörtexte werden in der Klasse mindestens zweimal gehört. Bei nur einmaligem Hören würden wichtige Aspekte an den TN vorbeirauschen. Wird ein Hörtext beim ersten Hören im Ganzen präsentiert, dann geht es dabei zunächst um eine erste Orientierung und das Globalverstehen. Anschließend erfolgt im zweiten Durchgang das detaillierte Hören im Ganzen oder in Abschnitten. Zum leichteren Auffinden der Textteile sind die einzelnen Abschnitte durch Signalton voneinander getrennt. Auch wenn keine Unterteilung vorgesehen ist, kann der Text vom Lehrer bei Bedarf in Abschnitte unterteilt werden. Am besten orientiert er sich dabei am Transkript des Hörtextes im Lehrerhandbuch.
Texte, die auch beim ersten Hören in Abschnitten gehört werden, werden somit langsam „enthüllt". Durch diese Parzellierung reduziert sich die Stoffmenge auf eine für die TN verarbeitbare Menge. Ein Nebeneffekt dieses Vorgehens ist, dass die Aufmerksamkeit bis zum Textende erhalten bleibt.

Aufgaben vor dem Hören

Eine behutsame Vorentlastung ist bei Hörtexten, besonders bei den komplexeren Originalaufnahmen, besonders wichtig. Die Aufgaben **vor** dem Hören dienen dazu, die Aufmerksamkeit auf den kommenden Text zu richten und bereits vorhandenes Vorwissen zu aktivieren:
- Erfahrungen aktivieren, z.B. S. 17, 88, 127;
- vorhandene Informationen sammeln, z.B. S. 64, 88;
- mit Begleitmaterial wie Fotos, Lesetexten, Ankündigungstexten oder Überschriften zum Hörtext arbeiten, z.B. S. 14, 24, 29, 37, 46, 64, 72, 88, 101, 127.

Aufgabentypen zum Hörverstehen

Die Aufgaben richten sich nach der jeweiligen Textsorte und dem entsprechenden Hörstil. Eine Seite zum Hören bietet in der Regel mehrere Aufgaben mit aufsteigendem Schwierigkeitsgrad an, vom globalen hin zu immer detaillierterem Verstehen oder auch zum Interpretieren des Gehörten. Die folgenden Aufgaben zum Hörverstehen lassen sich während bzw. nach der Präsentation bearbeiten:
- Hauptaussagen in die richtige Reihenfolge bringen, z.B. S. 118;
- Meinung erkennen, z.B. S. 17;
- Stichworte notieren, z.B. S. 25, 44, 72;
- Ankreuzen von Hauptinformationen, z.B. S. 89;
- Hörtext ergänzen, z.B. S. 41;
- Zuordnung von Text und Bild, z.B. S. 108.

Aufgaben nach dem Hören

Die Aufgaben **nach** dem Hören dienen dazu, den TN Transfermöglichkeiten anzubieten. So werden sie z.B. gebeten, die angesprochene Thematik auf den eigenen Kontext zu übertragen oder Stellung zu dem Gehörten zu beziehen:
- persönliche Reaktionen bzw. Bewertung des Gehörten, z.B. S. 17;
- Analyse des Sprachstils, z.B. S. 60;
- Interpretation, z.B. S. 41;
- mündliche oder schriftliche Zusammenfassung oder Textrekonstruktion, z.B. S. 108;
- Gespräch mit Bezug auf das Gehörte, z.B. S. 88.

c) Schreiben

Textsortenspezifisches Schreibtraining

Beim Training der Schreibfertigkeit bietet *em neu Abschlusskurs* Situationen bzw. Schreibanlässe an, die für die TN relevant sind oder in naher Zukunft relevant werden. Deshalb stehen nicht die Textsorten Brief bzw. private E-Mail im Vordergrund, sondern vom privaten und persönlichen Bezug losgelöste Textsorten. Außerdem werden eine Reihe kreativer Schreibanlässe angeboten.

Soziokulturelle Kompetenz

Beim Training der Schreibfertigkeit kommt der soziokulturellen Kompetenz besondere Bedeutung zu. Dabei geht es um Fragen des Registers und um Formen der Höflichkeit: Welche Anrede ist bei welchem Adressaten adäquat, welche Stilmerkmale kennzeichnen einen persönlichen und informellen gegenüber einem persönlichen, aber formellen Brief (KB S. 48)? Der Unsicherheit der TN beim Schreiben von formellen bzw. semi-formellen Briefen begegnet das Lehrwerk mit einer Reihe von analytischen Aufgaben im Arbeitsbuch (z.B. AB S. 25). Auf dieser Stufe sind auch Fragen relevant, etwa wie man ein Referat beginnt und beendet, wie man die Übergänge schafft (AB S. 33).
Bei der möglichst regelmäßigen Korrektur von produktiven Leistungen der TN achtet KL zunehmend auf grammatische Korrektheit, die auf dieser Spracherwerbsstufe eine wichtige Rolle spielt.
Aufgaben zur Fehlersuche und -korrektur bzw. zur Stilkritik (z.B. KB S. 38, 48) tragen dazu bei, dass die TN den Umgang mit Fehlern als etwas Selbstverständliches begreifen. Fehler sind ein Teil des Lernprozesses und lassen sich diagnostisch auswerten. Sie sind für den TN Ausgangspunkt für aktive Überwindung von Lern-

schwierigkeiten. Lerntipps zum richtigen Schreiben sollen helfen, Stil und Aufbau der schriftlichen Produkte zu verbessern.

Kreatives Schreiben

An einigen Stellen geht es beim Schreiben auch um einen kreativen Umgang mit Sprache. Wenn z.B. eine Zeitungsnotiz erfunden, ein Mini-Krimi verfasst oder ein Test für die eigene Lerngruppe erstellt wird, ist Schreiben weniger Mittel zum Zweck als vielmehr Anlass, sich auch einmal weniger ernst und zielgerichtet auszudrücken.

Schreibtechniken

Schreibstrategien, die *em neu Abschlusskurs* übt, sind:

Lektion 1	anhand einer Vorlage, eines Fotos und dazugehöriger Leitfragen eine Zeitungsmeldung erfinden,
Lektion 2	anhand einer Grafik einen Sachartikel zu einem alltagsbezogenen Thema verfassen,
Lektion 3	ein Referat schriftlich ausformulieren,
Lektion 4	einen Test erstellen,
Lektion 5	einen persönlichen Brief bzw. E-Mail beantworten,
Lektion 6	anhand einer Grafik einen informativen Text zu einem berufsorientierten Thema verfassen,
Lektion 7	anhand von Zeichnungen und Leitfragen einen „Mini-Krimi" schreiben,
Lektion 8	einen Artikel über ein neues innovatives Produkt verfassen,
Lektion 9	einen persönlichen Brief bzw. eine persönliche E-Mail beantworten
Lektion 10	etwas Gelesenes zusammenfassen

Aufgaben vor dem Schreiben

Wie bei den rezeptiven Fertigkeiten Lesen und Hören ist die Vorgehensweise auch beim Schreibtraining mehrschrittig. Vor dem eigentlichen Schreiben entlasten Aufgaben den Produktionsprozess:
- eine Zeitungsnotiz, einen Brief, Aussagen zum Thema oder eine E-Mail lesen, z.B. S. 13, 28, 38;
- den Sprachstil erkennen bzw. bewusst machen, z.B. S. 28, 48;
- Textsortenmerkmale analysieren, z.B. S. 48;
- Bewusstmachung der Arbeitsschritte Sammlung und Planung, z.B. S. 21, 38, 77, 126;
- Textaufbau analysieren, z.B. S. 112;
- typischen Wortschatz oder Redemittel auswählen, z.B. S. 85.

Aufgaben zum Schreiben

Die Aufgabentypen zum Schreiben unterscheiden sich vor allem durch verschiedene Grade der Steuerung. Dabei ist für die anschließende Bewertung die folgende Regel zu berücksichtigen: Je freier die Aufgabe, um so größer die von den TN verlangte Leistung im Hinblick auf Planung und Textaufbau.
- Vorgabe eines Beispiels, z.B. S. 13, 65, 112, 126;
- Vorgabe von Leitpunkten bzw. -fragen, z.B. S. 38, 85;
- Vorgabe von Textbausteinen, Strukturwörtern oder Formulierungshilfen, z.B. S. 85.

d) Sprechen

Handlungsorientiertes Sprechtraining

Im Kursbuch ist neben dem Schreiben dem Sprechen breiter Raum eingeräumt. Dem Sprechen gewidmete Seiten sind thematisch in die Lektion eingebunden, lassen sich jedoch unabhängig von den vorausgehenden Texten zum Lesen oder Hören bearbeiten. Mündliche Kommunikation ist immer eingebettet in Kontexte. Das bedeutet, man spricht im Rahmen bestimmter Situationen und Anlässe, durch die Rollen und Sprechintentionen vorgegeben sind.

Sprechhandlungen

Lektion 1	etwas präsentieren;
Lektion 2	eine Verhandlung führen;
Lektion 3	etwas präsentieren, im Rahmen einer Argumentation Vorschläge machen, Gegenvorschläge evaluieren und machen;
Lektion 4	ein Beratungsgespräch führen;
Lektion 5	etwas aushandeln;
Lektion 6	eine Umfrage durchführen;
Lektion 7	einen Kurzvortrag halten;
Lektion 8	eine Rede halten;
Lektion 9	etwas aushandeln, Bilder beschreiben;
Lektion 10	an einer Diskussion teilnehmen.

Aufgaben vor dem Sprechen

Mit der Vorgabe von typischen Redemitteln wird die Verbesserung der Sprechfertigkeit gesteuert. Auf diese Weise lernen die TN in wohldosierten Portionen neue, sprechübliche Ausdrucksweisen kennen. Redemittel werden in der Regel als Auswahl angeboten. Die immer noch beachtliche Leistung der TN besteht darin, diese für ihre jeweilige Intention auszuwählen.

Integriertes Sprechtraining

Eine Reihe von Aufgaben in den Rubriken Wortschatz, Lesen oder Hören münden in Aufgaben zum Sprechen:
- vom Wortschatz zum Sprechen, z.B. S. 81;
- vom Hören zum Sprechen, z.B. S. 25, 41, 108;
- vom Lesen zum Sprechen, z.B. S. 51, 111.

In diesen Aufgaben sprechen die TN über die Texte, die vorher in der Klasse bearbeitet wurden, fassen zusam-

men oder präsentieren, sagen ihre Meinung oder geben einen Ausblick.
Bei der möglichst regelmäßigen Bewertung von produktiven Leistungen der TN achtet KL zunehmend auf Flüssigkeit sowie Aussprache und Intonation. Durch aufgabenbezogenes Sprechtraining sollen die TN einen natürlichen Sprachfluss erlangen. Ihre Intonation soll sich der eines Muttersprachlers langsam annähern.

5. Vermittlung von Wortschatz und grammatischen Strukturen

a) Wortschatztraining

Ausdrucksfähigkeit

Ziel der Wortschatzaufgaben ist die Verbesserung der Ausdrucksfähigkeit. Fester Bestandteil in der C-Stufe ist daher die Erweiterung des strukturellen Wissens, z. B. durch Einführung von Nomen-Verb-Verbindungen (z. B. S. 90) oder die Erschließung von Redensarten und idiomatischer Ausdrucksweise (z. B. S. 61).

Wortschatzthemen

Jede Lektion greift auf den Wortschatzseiten mindestens ein übergreifendes Thema von allgemeinem Interesse auf:

Lektion 1	Verben des Sagens und Redewiedergabe;
Lektion 2	Lebenshaltungskosten;
Lektion 3	Eigenschaften und Vorurteile;
Lektion 4	Mündliche Kommunikation;
Lektion 5	Geist und Seele;
Lektion 6	Gehalt;
Lektion 7	Recht und Kriminalität;
Lektion 8	Wissenschaft;
Lektion 9	Epochen, Stile;
Lektion 10	Wörter erschließen.

Mischung aus Bekanntem und Neuem

Systematische Wortschatzerweiterung in der Mittelstufe bedeutet Mischung von Bekanntem mit Neuem. Nur so ist es möglich, das zunächst unterschiedliche Wissen der TN auf eine gemeinsame Ebene zu heben.

Wortfelder, Wortfamilien und Definitionen

Formen des systematischen Wörterlernens sind:
- Definitionen, z. B. S. 12, 61
- Assoziogramme oder thematische Wortigel, z. B. S. 95
- Klassifizierung, d.h. zu einem Oberbegriff Unterbegriffe o. Ä. suchen, z. B. S. 53, 81
- Wortfeldarbeit, z. B. S. 20,
- Nomen und dazugehörige Verben verbinden, z. B: S. 81, AB 102
- idiomatische Redewendungen erschließen, z. B. S. 61, 100, AB 103/13

Wortschatzarbeit als Grammatikarbeit

Im Rahmen einer grammatisch orientierten Worschatzarbeit finden sich Aufgaben z. B. zu folgenden Themen:
- Adjektive, S. 42
- feste Nomen-Verb-Verbindungen, S. 90

Qualitative Wortschatzarbeit

Neben einer quantitativen Arbeit zur systematischen Wortschatzerweiterung tritt eine eher qualitativ ausgerichtete Wortschatzarbeit, z.B. die Erschließung und Anwendung idiomatischer Ausdrücke zu den Bereichen Geist und Seele (S. 61) und mündliche Kommunikation (S. 53). Aktivitäten wie diese ermöglichen im Rahmen der Wortschatzarbeit einen lernerzentrierten und zugleich spielerischen Umgang mit neu erworbenem Wortschatz.

b) Grammatiktraining

Grammatikprogramm und Progression

Die Grammatikthemen stehen in einem funktionalen Zusammenhang mit den Textsorten, den Themen und den verschiedenen sprachlichen Zielaktivitäten einer Lektion.
Im Kontrast zum Anfängerunterricht kann man in der Stufe C nicht mehr von einer strengen Progression ausgehen. Es werden Grammatikthemen erarbeitet, die in *Brücken-* und *Hauptkurs* noch nicht zur Sprache kamen und somit das Grammatikprogramm von *em neu* abrunden. Falls es im Einzelfall sinnvoll ist, auf ein Grammatikthema eines der vorangegangenen Bände zurückzugreifen (etwa auf die Passiversatzformen in *Hauptkurs*), sollte KL gezielt wiederholen oder Erklärungen und Übungen aus dem anderen Band ergänzen. Es ist genauso möglich, in *Abschlusskurs* einzelne Kapitel auszulassen oder zu überspringen.

Sammeln, Ordnen, Systematisieren

em neu entwickelt die Grammatik induktiv. Das Vorgehen lässt sich in drei Schritte unterteilen: Sammeln, Ordnen, Systematisieren (SOS). Das bedeutet: Die TN untersuchen die Lesetexte auf die zu behandelnden Phänomene hin und ordnen die gefundenen Beispiele in einem zweiten Schritt in vorstrukturierte Übersichten und grafisch abgesetzte Kästen ein. Anschließend analysieren die TN in einem dritten Schritt ihre Beispielsammlungen und formulieren selbst die Regeln. Das selbstständige Finden und Formulieren von Regeln vertieft das Verständnis. Aufgabe der KL ist es, die Regelfindung zu begleiten und nötigenfalls zu korrigieren.

Grammatikthemen

Jede Lektion stellt Grammatikthemen in den Mittelpunkt, die einerseits in der mündlichen und schriftlichen Sprache frequent sind und andererseits zu den Lernschwierigkeiten der deutschen Sprache zählen.

Lektion 1 Redewiedergabe;
Lektion 2 Zweiteilige Konnektoren, Modalpartikeln;
Lektion 3 Adjektive;
Lektion 4 Funktion des Wortes „es";
Lektion 5 Genitiv;
Lektion 6 Verbalstil – Nominalstil;
Lektion 7 Nomen-Verb-Verbindungen;
Lektion 8 Präpositionen;
Lektion 9 Attribution, Modalverben – subjektiver Gebrauch;
Lektion 10 Besondere Aspekte des Passivs.

Prüfungsvorbereitung

Nach erfolgreichem Durcharbeiten von *em neu Abschlusskurs* können TN sich den erreichten Sprachstand durch ein Zertifikat bestätigen lassen. Der Besitz eines solchen Nachweises über das sprachliche Können erhöht die Chancen bei einer Stellenbewerbung bzw. ist Voraussetzung für eine Bewerbung um einen Studienplatz.
Die Prüfungsvorbereitung in *em neu* orientiert sich beispielhaft an den Zertifikaten des Goethe-Instituts, die für erwachsene Lernende weltweit zur Verfügung stehen. Beihefte bereiten auf dieses Zertifikat und auf die Prüfungen weiterer Anbieter vor (telc, ÖSD).
Passend zu *em neu 2008* können die folgenden Vorbereitungsmaterialien bezogen werden:

- Prüfungstraining Goethe-Zertifikat C1
  ISBN 978-3-19-301697-3
- Prüfungstraining telc Deutsch C1
  ISBN 978-3-19-111695-3
- Prüfungstraining ÖSD C1
  ISBN 978-3-19-161697-7

(jeweils Buch und Audio-CD)
Damit können die TN sich selber testen und ihren Leistungsstand einschätzen. Den Prüfungsaufgaben sind jeweils Tipps zum richtigen Verhalten vorangestellt. Diese Übungssätze können je nach Zeit und Lernbedarf in einem Stück oder in Teilen gemacht werden.
Prüfungsvorbereitung heißt in erster Linie Strategie- und Aufgabentraining. Die Lernenden werden mit dem jeweils speziellen Format der Prüfungsaufgaben vertraut gemacht. Dies ist besonders für den Teil Hörverstehen wichtig, aber auch einzelne Aufgaben im Leseverstehen können Teilnehmende in der Prüfungssituation effizienter bearbeiten, wenn sie bereits wissen, wie die Arbeitsanweisungen formuliert sind und welche Form die Antworten haben sollen. Im Kurs- und Arbeitsbuch erfolgt dazu eine integrierte Prüfungsvorbereitung. In jedem Teilband werden die Aufgabenformate der C1-Prüfung des Goethe-Instituts angeboten. Diese Aufgaben sind mit einem P gekennzeichnet. Mit den Lerntechnik-Aufgaben im Arbeitsbuch verbessern die TN ihre Herangehensweise an verschiedene Fertigkeiten.
Ein Einüben des Wortschatzes und der Grammatik, die in einer Prüfung auf dem Niveau C1 vorkommen können, erfolgt nicht nur in diesen Prüfungsaufgaben, sondern über das gesamte Programm des Lehrwerkes hinweg. Ein zusätzliches Durcharbeiten von speziellen Wortschatzlisten ist nicht notwendig.

Das **Goethe-Zertifikat C1 (ZMP)** z.B. hat folgenden Aufbau:

		Prüfungsziel	Textsorte	Aufgabentyp	Punkte
LESEN	1	Entnahme von Hauptaussagen und Einzelheiten	Reportage, Sachbuch o. Ä.	Ergänzung einer Textzusammenfassung	10
	2	Entnahme von Hauptaussagen aus mehreren Texten zum selben Themenbereich	Meinungsäußerung, Kommentar, Rezension o. Ä.	Raster ergänzen	5
	3	syntaktisch/semantisch korrekte Textergänzung	Bericht o. Ä.	Lückentext mit Auswahlantworten	10
HÖREN	1	selektive Informationsentnahme	Telefongespräch	Notizen machen	10
	2	Entnahme von Hauptaussagen und Einzelheiten	Radiosendung	Mehrfachwahl mit Auswahlantworten	15

		Prüfungsziel	Textsorte	Aufgabentyp	Punkte
SCHREIBEN	1	Schriftliche Abhandlung	Aufsatz o. Ä.	freies Schreiben anhand einer Grafik nach Vorgabe von Leitpunkten	20
	2	Umformung eines Briefes o. Ä. mit Registerwechsel	formeller Brief, E-Mail o. Ä.	Lückentext	5
SPRECHEN	0	Einführendes Gespräch: persönliche Informationen geben	Gespräch, dialogisch	freies Sprechen	
	1	Produktion: Kurzvortrag	Monolog	Pressemeldung als Sprechanlass	
		Interaktion: Etwas aushandeln: Formulierung von Vorschlägen, Begründungen etc.	Diskussion, dialogisch	Bilder oder Texte als Sprechanlass	

Folgende Aufgaben im **Kursbuch** bereiten gezielt auf diese Prüfungsteile vor:

Lektion	Seite	Aufgabe	Er/Sie kann ...
1	14	Leseverstehen, 2	thematisch verwandte Texte auf bestimmte Inhaltspunkte hin vergleichen.
	16	Mündlicher Ausdruck, 1	eine Kurzpräsentation vorbereiten und halten.
2	21	Schriftlicher Ausdruck, 1	einen Text zum Thema „Lebenshaltungskosten international" auf der Basis eines Schaubilds verfassen.
	25	Hörverstehen, 1	einem Auskunftsgespräch stichpunktartig Informationen entnehmen.
	28	Schriftlicher Ausdruck, 2	Merkmale und Inhalt eines formellen persönlichen Briefes nach Vorgabe eines informellen persönlichen Briefes ergänzen.
3	52	Leseverstehen, 1	einer Reportage Haupt- und Detailinformationen entnehmen und diese in einer Textzusammenfassung ergänzen.
5	57	Leseverstehen, 1	einer Reportage Haupt- und Detailinformationen entnehmen und diese in einer Textzusammenfassung ergänzen.
	60	Hörverstehen, 2	einem Expertengespräch mit einem Psychologen wichtige Informationen entnehmen.
	64	Mündlicher Ausdruck, 2	Empfehlungen für eine verbesserte Arbeitsorganisation aushandeln.
6	71	Leseverstehen, 2	vier Texte zum Thema „Erfolgsaussichten für Frauen und Männer" auf bestimmte Inhaltspunkte hin vergleichen.
	75–76	Leseverstehen, 3	in einem Ratgebertext zum Thema „Karrierefallen" Wortschatz und Strukturwörter korrekt ergänzen.
	77	Schriftlicher Ausdruck, 1	einen Artikel für eine Kurszeitung zum Thema „Stress am Arbeitsplatz" auf der Basis eines Schaubilds verfassen.

Lektion	Seite	Aufgabe	Er/Sie kann ...
7	84	Mündlicher Ausdruck, 1	einen Kurzvortrag vorbereiten und halten.
	87	Leseverstehen, 1	einer Kurzreportage Informationen entnehmen und diese in einer Textzusammenfassung ergänzen.
	89	Hörverstehen, 2	einem Radiobericht zum Thema „Lügendetektoren“ Hauptaussagen und Einzelheiten entnehmen.
8	96	Hörverstehen, 1	einer Ankündigung Hinweise zum Ablauf einer Tagung entnehmen.
9	100	Leseverstehen, 1	Haupt- und Detailinformationen aus einer Reportage in einer Textzusammenfassung ergänzen.
	107	Mündlicher Ausdruck, 2	den Bau eines neuen Museums aushandeln und verschiedene Vorschläge gegeneinander abwägen.
	108	Hörverstehen, 1	Notizen zu einer Bildbeschreibung machen.
	111	Leseverstehen, 1	Haupt- und Detailinformationen aus einer Reportage in einer Textzusammenfassung ergänzen.

Teil 2

Methodisch-didaktische Hinweise zu den Lektionen

Hinweise zu Lektion 1

Rubrik Seite	Lernziel	Nummer Hinweise

Methode: Der erste Unterrichtstag
Folgende Aufgaben eignen sich besonders für die Gestaltung der ersten Unterrichtsstunden: Arbeitsbuch S. AB 8, Aufgabe 2 (Prioritäten im Kurs), S. AB 16, Aufgabe 17 (Lehrwerk-Quiz).
Außerdem können die TN in die Auswahl des Unterrichtsstoffes einbezogen werden, indem KL anhand des Kursprogramms im Kursbuch S. 4–7 den Inhalt des Lehrwerks erläutert und auf die Möglichkeit hinweist, Schwerpunkte je nach Lerninteresse der Klasse auszuwählen.

Methode: Grundsätzliches zum Schreiben ins Buch
Das Buch ist so angelegt, dass nicht genug Platz ist, um alle Aufgaben darin zu lösen. In diesen Fällen übertragen die TN die entsprechende Übersicht in ihre Unterlagen.

Methode: Wandzeitung – Kurszeitung
Einzelne Schreibprodukte der TN (Beispiel: die Meldung zu einem Foto in dieser Lektion auf S. 13) können ausgewählt und aufgehängt werden. KL korrigiert die Texte und lässt sie noch einmal in Reinschrift bringen. Aus dieser „Wandzeitung" kann am Ende des Kurses eine Kurszeitung gemacht werden, die durch andere Schreibprodukte, wie Referate (s. Kursbuch S. 84), ergänzt werden kann. Die TN sind erfahrungsgemäß immer sehr stolz, eine selbst angefertigte Zeitung als Erinnerung mit nach Hause zu nehmen.

Einstiegsseite 9	gegenseitiges Kennenlernen und Vorstellen	Der Einstieg in das Buch ist dem gegenseitigen Kennenlernen der TN gewidmet. Ziel ist es, eine gute Lernatmosphäre zu schaffen und die sprachlichen Voraussetzungen der TN zu erfassen. Der Interviewbogen ist angelehnt an Befragungen von Prominenten aus Zeitschriften und Magazinen. Die TN lesen das Interview als Vorbereitung für das eigene Interview. Danach befragen sie möglichst mehrere Personen im Kurs. Das Ziel, Gemeinsamkeiten zu finden, dient als Anreiz zur echten Kommunikation. Durch Auswählen einiger Fragen wird die anschließende Präsentation abwechslungsreicher. Jeder TN kann mit mehreren Personen sprechen.

Rubrik/S.	Lernziel	Nr./Hinweise

Lesen 1 10/11

Zeitungsmeldungen verstehen

Hier geht es um die Textsorte „Meldung“, wie sie von Presseagenturen aus aller Welt geliefert wird. Typische Merkmale der Zeitungsmeldung sind Kürze, Aktualität, Sachlichkeit und Komprimierung der Information.

> **Landeskunde:** Presseagenturen
> Presseagenturen sind Unternehmen, die aktuelle Nachrichten sammeln, sichten, sortieren, formulieren und sie an Presse, Rundfunk und Fernsehen gegen Entgelt liefern.
> Die wichtigste Presseagentur in Deutschland ist die *Deutsche Presse-Agentur*, abgekürzt *dpa*, gegründet in Hamburg 1949. Weitere internationale Agenturen: *AP: Associated Press*, New York, 1948; *AFP: Agence France-Presse*, Paris, 1944.

Hier wurden bewusst Meldungen gewählt, die nicht das aktuelle Tagesgeschehen widerspiegeln, sondern von allgemeinem Interesse sind und somit ihre Aktualität nicht verlieren. Typisch für eine Meldung ist die kurze, knappe, objektive Berichterstattung, die mit den Leitfragen *Wer?, Wo?, Was?, Wann?, Warum?* erschlossen werden kann. Diese W-Fragen helfen den TN, mithilfe von Schlüsselwörtern die Hauptinformationen zu erfassen.

kursorisches oder überfliegendes Lesen

1 Bevor die Seite mit den Meldungen komplett gelesen wird, sollen die TN die Überschriften lesen, um sich anschließend beim überfliegenden Lesen auf die jeweils wichtigste Information zu konzentrieren. Für die Lösung dieser Aufgabe ist kein detailliertes Lesen erforderlich, deshalb hält KL die TN an, ohne Wörterbuch zu arbeiten. Um ein detailliertes Lesen zu vermeiden, sollte KL einen Zeitrahmen (ungefähr 10–15 Minuten) vorgeben, in dem die Aufgabe bewältigt werden soll.

> **Methode:** Fernsehen und Radio im Unterricht
> Als Ergänzung und willkommene Abwechslung bietet sich das Hören von aktuellen Radio- oder Fernsehnachrichten an. KL nimmt diese auf Kassette/Video auf und schreibt ein Raster mit den W-Fragen auf Folie / an die Tafel.
> Die TN notieren während des Hörens die Antworten. Je nach Zeit und Kursstruktur kann KL auch kontinuierlich im Unterricht Nachrichten präsentieren (z. B. jeden Montag / jeden Morgen). Die gehörten Nachrichten können als Gesprächsgrundlage für eine weiterführende Stellungnahme dienen. Im Ausland weist KL auf den Sender *Die Deutsche Welle* hin.

Wortschatz 12

präpositionale Ausdrücke der Redewiedergabe in Nebensätze umformen

2 Hier handelt es sich um eine Mischung aus Wortschatz- und Grammatikübung. Die TN sollen präpositionale Ausdrücke der Redewiedergabe benutzen und diese in Nebensätze umformen. KL weist darauf hin, dass in der gesprochenen Sprache bei der Redewiedergabe häufig die Nebensatzform benutzt wird.

Rubrik/S.	Lernziel	Nr./Hinweise
	Textsorten den Definitionen zuordnen, aus Verben Nomen ableiten	3 In Partnerarbeit ordnen die TN die aufgelisteten Begriffe den entsprechenden Definitionen zu. Dabei wird der Wortschatz erweitert und das Wortbildungsmuster der Nominalisierung angewandt. Gleichzeitig lernen die TN ansatzweise Merkmale weiterer medientypischer Textsorten kennen.
Schreiben 13	anhand von Fotos Zeitungsmeldungen erfinden	1–2 Schreibanlass sind zwei Fotos, die außergewöhnliche Situationen darstellen und somit vielfältige Interpretationen zulassen. KL kann die Fotos vorher auf Folie ziehen Die TN erfinden in Partnerarbeit eine Zeitungsmeldung mithilfe der W-Fragen. Dadurch werden sie sich noch einmal der typischen Textsortenmerkmale einer Meldung bewusst. Um die sprachliche Form einer „professionellen" Meldung näher zu untersuchen, ist der Text „Francisco Gregori" eingeblendet. Hier erkennen die TN noch einmal, welche Länge, welches Tempus usw. für eine Meldung typisch sind. KL macht eine Zeitvorgabe (etwa 20–30 Minuten). KL korrigiert, wenn möglich, bereits während der Schreibphase die gröbsten Grammatikfehler und hilft, wenn nötig, mit Wortschatz aus.
	Ergebnisse präsentieren	3 Alle Gruppen lesen ihre Meldung vor. Dies kann als Wettbewerb organisiert werden, bei dem die beste Meldung prämiert wird. KL kann eine Prämie für den gelungensten Einfall ausgeben, z. B. ein Bonbon, einen Kaugummi oder Gummibärchen.

> **Methode:** Wettbewerb
> Wettbewerbe sind bei den TN oft beliebt und vielseitig einsetzbar, beispielsweise bei Diskussionen/Rollenspielen.
> Jede Gruppe darf als Bewertung der Leistung Punkte für die anderen Gruppen (nicht für die eigene!) vergeben, z. B. bei fünf Gruppen fünf Punkte für die beste, dann vier, drei usw. KL schreibt die Punkte an die Tafel / auf Folie. Die beste Gruppe bekommt einen kleinen Preis.

KL kann die Aufgabe auch mit folgenden Alternativen bearbeiten lassen.
Alternative 1: Die TN bringen Fotos aus Zeitschriften oder Zeitungen mit. Die Fotos werden gut sichtbar an eine Pinnwand geheftet. Je zwei/drei TN suchen sich ein Foto aus und schreiben eine Meldung dazu. Diese lesen sie im Plenum vor. Die anderen TN müssen raten, welche Meldung zu welchem Foto gehört.
Alternative 2: KL bringt Zeitungen/Zeitschriften mit. Jede Gruppe (drei bis vier TN) wählt ein Foto mit dem dazugehörigen Artikel aus und schneidet beide aus. Die Gruppe verfasst zu ihrem Foto eine eigene, „falsche" Meldung. KL korrigiert die grammatischen Fehler zu Hause. In der nächsten Unterrichtseinheit werden die Fotos gut sichtbar aufgehängt. Ein Gruppenmitglied liest sowohl die Originalmeldung als auch die eigene, erfundene vor. Die anderen TN raten, welche Meldung erfunden ist und welche wirklich aus der Zeitung/Zeitschrift stammt. Der Reiz der Aufgabe liegt im Ratespiel und darin, dass eine Gruppe, falls ihre Meldung so gut ist, dass man sie als „wahr" empfindet, erfahrungsgemäß sehr stolz ist.
Der spielerische Charakter erhöht den Motivationsgrad dieser Schreibaufgabe.

Rubrik/S.	Lernziel	Nr./Hinweise
Lesen 14/15	Hauptaussagen aus mehreren Texten zum selben Themenbereich exzerpieren	P 2 Hier lernen die TN ein Aufgabenformat aus dem Goethe-Zertifikat C1 kennen. Die TN sollen lernen, die Aufgaben als Lesehilfe einzusetzen, daher sind die Aussagen hier den Lesetexten vorangestellt. Die Rasteraufgabe strukturiert die Texte inhaltlich für die TN vor. Arbeitsteiliges Arbeiten in Einzel- oder Partnerarbeit, bei dem jeder TN jeweils nur einen Text bearbeitet, ermöglicht eigenständiges Durcharbeiten durch die Klasse. Eventuell kann die Aufgabe auch als Hausaufgabe gegeben werden. Zur Auswertung kann KL eine Kopie oder eine OHP-Folie mit allen richtigen Lösungen einsetzen.
Sprechen 16	Mündliche Produktion – Vorbereitung und Präsentation eines Zeitungsartikels	Auf der Stufe C1 soll das selbstständige Recherchieren und Sammeln von Informationen zum Zwecke einer Präsentation – in Form des hier vorgeschlagenen Zeitungsartikels oder eines Referats – intensiver geübt werden. Bei der Suche nach geeigneten Themen und Textsorten sollen möglichst solche ausgewählt werden, die auch interessante Sprechanlässe für eine anschließende Diskussion in der Klasse bieten. Reportagen, Interviews oder Kommentare sind meist besser geeignet als reine Meldungen oder Nachrichten. KL achtet auch darauf, dass möglichst frei vorgetragen wird, mithilfe der notierten Stichworte. 2 Als Vorbereitung der Präsentation erarbeiten die TN die sprachlichen Mittel im Textbauplan einer Nachricht. 3 Die neuen Wörter, die die Präsentatorin / der Präsentator vorstellt, werden bereits vor der Präsentation auf einer Folie notiert. P 4 Das Präsentieren eines Themas ist eine typische Aufgabe zur mündlichen Produktion in C1-Prüfungen (z. B. im Goethe-Zertifikat C1). Unter dem Arbeitstitel „Presseschau“ können die TN reihum jeweils am Anfang einer Unterrichtseinheit diese Kurzvorträge üben. KL bespricht dazu im Kurs, welche Kriterien eine angemessene Leistung erfüllen muss, und bereitet dafür Bewertungsbögen vor. Zur Bewertung bietet sich folgendes Raster an: – Inhaltliche Verständlichkeit, – Kommunikative Leistung, z.B. klar strukturierter Beitrag, – Flüssigkeit, – Ausdruck, – Sprachliche Richtigkeit.

Methode: Gesprächssimulation
KL gibt den TN differenzierte Informationen zu ihrer Rolle. Dazu fertigt sie/er kleine Kärtchen an, auf denen kurze Informationen zur Person stehen. In unserem Beispiel: Statt der Rolle „Sprecher der Gegenseite“ könnte sie/er schreiben: *Klaus, 18 Jahre alt. Er liebt Tiere über alles und engagiert sich für die Rettung der Wale.* (Beispiele dafür, auch zu einem ähnlichen Thema, sind im Arbeitsbuch S. 13 zu finden.)
Die TN ziehen ein Kärtchen, überlegen sich Argumente und spielen anschließend diese Rolle. Die TN müssen nicht ihre persönliche Meinung vertreten.

Rubrik/S.	Lernziel	Nr./Hinweise

> Dies erleichtert ihnen oft die Argumentation, denn die Rollen sind für die TN besser nachvollziehbar und verleihen dem Gespräch einen spielerischen Charakter.
> Wichtig bei Rollenspielen ist, dass KL eine Zeitvorgabe für die Vorbereitungsphase gibt (als Richtlinie ungefähr 15–20 Minuten) und als Bedingung stellt, dass jeder TN sich bei der anschließenden Präsentation in der Klasse mindestens einmal in das Gespräch einbringt.

Rubrik/S.	Lernziel	Nr./Hinweise
Hören 17	über Fernsehen reden	1 Das Gespräch ist als Einstieg in das Thema „Fernsehen" gedacht. *Alternative*: Um einen kleinen Überblick über die deutsche Fernsehlandschaft zu geben, kann KL eine Seite aus einem aktuellen Fernsehprogramm mitbringen und kopieren bzw. auf Folie ziehen. Dadurch wird der Einstieg in das Thema anschaulich und für die TN besser nachvollziehbar. Die TN erkennen Sendungen oder Filme, und sie bekommen einen Überblick über die deutschsprachigen Fernsehprogramme. KL erklärt das duale System der öffentlich-rechtlichen (*ARD* und *ZDF)* und der privaten Sender (*RTL, SAT1* usw.). KL fragt, welche Fernsehgewohnheiten die TN haben bzw. welche Sendungen sie kennen, welche sie gern sehen würden und warum. Durch die Auseinandersetzung mit dem Thema „Fernsehen" werden Erwartungen geweckt und das Hören vorentlastet.
	authentische Fernsehtipps global verstehen	2 Vor dem Hören lesen die TN die alternativen Antworten, um sich auf die entsprechenden Textstellen konzentrieren zu können. Durch die Vorstrukturierung in zwei Kategorien wird ein detailliertes Hören (Wort für Wort) vermieden. Nach dem Hören korrigieren KL und die TN gemeinsam die Ergebnisse.
	Erschließen von Einzelheiten	3–4 Die TN üben, sich auf bestimmte Informationen zu konzentrieren, die im Raster vorgegeben sind. Diese Aufgabe ist gleichzeitig eine analysierende Aufgabe zur Textsorte „Fernsehtipps", deren Merkmale anschließend herausgearbeitet werden.

> **Landeskunde**: Fernsehlandschaft in Deutschland
> In Deutschland gibt es zwei öffentlich-rechtliche Sendeanstalten, die *ARD* (Arbeitsgemeinschaft der öffentlich-rechtlichen Rundfunkanstalten der Bundesrepublik Deutschland, allgemein auch das „Erste" genannt, gegründet 1950) und das *ZDF* (Zweites Deutsches Fernsehen, gegründet in Mainz 1961), sowie die privaten Fernsehsender, die seit 1984 die Fernsehlandschaft ergänzen/bereichern. Die beiden öffentlich-rechtlichen Sender werden größtenteils durch Gebühren finanziert, während die privaten Sender durch die Ausstrahlung von Werbung und durch Sponsoren finanziert werden. *ARD* und *ZDF* sind einem Bildungsauftrag verpflichtet, haben sich jedoch mittlerweile auch den Bedürfnissen eines breiten Publikums angepasst und richten sich wie die privaten Sender zunehmend mehr am Prinzip des „Infotainments" aus. Dennoch gelten *ARD* und *ZDF*

Rubrik/S.	Lernziel	Nr./Hinweise

als die seriösen Sender, die mehr Information und Bildung vermitteln und immer noch hohe Einschaltquoten verbuchen.
Neben den vier marktbeherrschenden Sendern gibt es noch eine Vielzahl von Fernsehanstalten, die sich an individuellen Publikumsinteressen orientieren, z. B. den Sportsender *DSF*, den Kultursender *arte* oder den Nachrichtensender *n-tv*.

Landeskunde: Presselandschaft
Ende der 90er-Jahre betrug die Auflage der Tages-, Wochen- und Sonntagszeitungen ungefähr 31,7 Millionen Exemplare.
In der Bundesrepublik Deutschland erscheinen ungefähr 370 Tageszeitungen, 26 Wochenzeitungen und 7 Sonntagszeitungen. Jeder dritte Bundesbürger liest laut einer Studie des Instituts der deutschen Wirtschaft täglich eine Zeitung.
Es gibt Regionalzeitungen, die vornehmlich in einer bestimmten Region verbreitet sind und über die allgemeine aktuelle Berichterstattung hinaus vor allem lokale Themen behandeln.
Überregionale Tageszeitungen mit den höchsten Auflagen sind die *Süddeutsche Zeitung* (München, 430 000), die *Frankfurter Allgemeine Zeitung* (370 000), die *Frankfurter Rundschau* (150 000) und *Die Welt* (Berlin 270 000). Die Zeitungen zeichnen sich inhaltlich durch eine breit angelegte, vorrangig den Themen Politik, Wirtschaft, Sport und Kultur gewidmete Berichterstattung und Kommentierung aus.
Zu der Boulevardpresse gehört unter anderem *Bild* (ungefähr 3,5 Millionen Auflage). Daneben gibt es Wochenzeitungen, wie *Die Zeit* (Hamburg) und die *Wochenpost* (Berlin).
Praktisch alle Tages- und Wochenzeitungen sind auch im Internet vertreten.

Methode: Phonetik
Jeweils am Ende einer Lektion im Arbeitsbuch finden sich circa fünf Übungen zur Verbesserung der Aussprache. Es ist sinnvoll, für die Phonetikübungen regelmäßig eine kurze Phase im Unterrichtsprogramm zu reservieren, beispielsweise die ersten oder letzten zehn Minuten. Dies ist eine gut investierte Zeit, denn Untersuchungen haben gezeigt, dass eine unsaubere Aussprache von muttersprachlichen Gesprächspartnern sehr viel weniger akzeptiert wird als von Lehrenden, die in dieser Hinsicht „abgehärtet" sind. Dieser Tatsache wird auch bei der Bewertung der mündlichen Prüfung Rechnung getragen, indem die Aussprache als gleichberechtigtes und gleich-

Rubrik/S.	Lernziel	Nr./Hinweise

gewichtiges Kriterium neben anderen steht. Die Ausspracheübungen im Arbeitsbuch S. 17 sind als Diagnose gedacht: Wo haben die TN noch Ausspracheprobleme – auf der Lautebene (Aufgabe 2), auf der Wortebene (Aufgabe 3) oder auf der Satzebene (Aufgabe 4)? Mit aktuellen Liedern lässt sich mit jüngeren Gruppen Phonetik motivierend üben. Beispiel Lektion 2: Goethes Gedicht *Erlkönig* hat die Rockgruppe Rammstein zu dem Song *Dalai Lama* inspiriert: *Ein Flugzeug liegt im Abendwind / An Bord ist auch ein Mann mit Kind / Sie sitzen sicher sitzen warm / Und gehen so dem Schlaf ins Garn.*

Unterrichtsskizze zu Lesen 1

für eine 45-minutige Unterrichtseinheit (Lektion 1/Lesen 1)

Lernziel	Sprachliches Handeln	Arbeitsform	Wortschatz-Redemittel-Strukturen	Medien	Zeit
Einstieg in Textsorte, kursorisches oder überfliegendes Lesen	Einführung zum Medium dieses Lesetextes; Text schnell lesen	Einzelarbeit, anschließend Plenum		Kursbuch S. 10/1, 2	10 Min.
überfliegendes Lesen	Meldungen den Themengebieten zuordnen	Einzelarbeit, Plenum		Kursbuch S. 11/3	5 Min.
genaues Lesen	Personen den Meldungen zuordnen	Partnerarbeit, anschließend Plenum		Kursbuch S. 11/4	15 Min.
grammatische Strukturen erarbeiten	Verben unterstreichen, Verben in die Tabelle einordnen, Funktionen des Konjunktivs I erarbeiten	Gruppenarbeit	Konjunktiv I, Indirekte Rede	Kursbuch S. 11/GR 5	15 Min.

Hinweise zu Lektion 2

Rubrik Seite	Lernziel	Nummer Hinweise
Einstiegsseite 19	Vermutungen äußern	In Lektion 2 finden sich verschiedene Lese- und Hörtexte sowie Sprechanlässe aus dem Bereich „Finanzen". Die Wortschatzarbeit bezieht sich auf das Thema „Geld". Das Foto auf der Einstiegsseite nimmt Bezug darauf. Die „leeren Hosentaschen" als bildhafter Ausdruck für Geldnöte ist den TN meist geläufig.
Wortschatz 20	Einschätzungen vornehmen und mit Bekanntem vergleichen	**2–3** KL schreibt einen Satz als Beispiel an die Tafel: *Die Deutschen geben monatlich circa 110 Euro für Bekleidung und Schuhe aus. Bei uns dürfte man wohl etwas mehr/weniger dafür ausgeben. Ich persönlich gebe nicht so viel dafür aus.* Redemittel für Vergleiche finden sich auch auf S. 21, Schritt 3.

Rubrik/S.	Lernziel	Nr./Hinweise
Schreiben 1 21	eine schriftliche Abhandlung verfassen	**P 1** Hier lernen die TN ein Aufgabenformat aus dem Goethe-Zertifikat C1 kennen. Schreibanlass ist die Grafik von Seite 20. Anhand der fünf Inhaltspunkte in Schritt 1 sollen die TN einen Artikel für eine Kurszeitung schreiben. Als minimale Länge sind 180 Wörter erforderlich. Dabei ist es wünschenswert, dass die TN die Inhaltsaspekte in einer möglichst schlüssigen Reihenfolge bearbeiten. KL bewertet alle schriftlichen Texte sorgfältig, streicht dabei nicht unnötig Fehler an und gibt den TN auch positives Feedback auf ihre Leistung.
Hören 1 22	sich als potentieller Bankkunde in einem deutschsprachigen Land zurechtfinden	**1** TN, die nicht schon längere Zeit in einem deutschsprachigen Land leben oder gelebt haben, sind oft wenig vertraut mit diesem Wortschatz. Deshalb ist eine Vorentlastung von Ausdrücken wie *ein Konto führen, Geld abheben, einzahlen, überweisen, anlegen* ... sinnvoll. *Dauerauftrag, Überziehungskredit* und *Einzugsermächtigung* können hier bereits eingeführt werden, da diese Wörter im anschließenden Hörverstehen gebraucht werden. **2–4** Die Situationen sind der deutschen Alltagsrealität entnommen. TN, die sich länger in deutschsprachigen Ländern aufhalten, werden mit dieser Art von Bankservice zu tun haben. **Landeskunde:** Bankgeschäfte Girokonten: Nahezu alle regelmäßig wiederkehrenden Zahlungen wie Miete, Gehalt, Beiträge zu Versicherungen und Vereinen etc. werden in Deutschland heute bargeldlos über ein Girokonto abgewickelt, und immer mehr setzt sich der Kauf per Scheckkarte, Scheck oder Kreditkarte durch. Wer ein Konto eröffnen will, wählt aus den zahlreichen Sparkassen, Genossenschafts- und Kreditbanken eine aus. Häufig werben diese schon um jugendliche Kunden mit attraktiven, d. h. gebührenfreien Girokonten, um langfristig neue Kunden zu gewinnen. Bankkunden, die regelmäßige Zahlungseingänge von Arbeitgebern oder aus anderen Quellen über ihr Konto laufen lassen, erhalten eine Euroscheckkarte und Euroschecks oder eine Kreditkarte zur bargeldlosen Zahlung.
Lesen 1 23–24	einen Meinungstext global verstehen	**2–3** Der Text befasst sich mit den Vor- und Nachteilen des Einkaufens per Internet. Was für jüngere eine Selbstverständlichkeit ist, kann der älteren Generation durchaus Schwierigkeiten bereiten, nämlich, dass der Kunde immer weniger Service durch Verkäufer, Schalter- oder Bankbeamte erfährt und stattdessen zunehmend mit Computern, Fahrkartenschaltern etc. zurechtkommen muss. Die Zuordnung der Zwischenüberschriften trainiert das Globalverstehen. **4** Die zweiteiligen Konnektoren sind in dieser Lektion auf die beiden Lesetexte verteilt. Hier werden zunächst die konditionalen Konnektoren eingeführt.
Hören 2 25	selektive Informationsentnahme	**P 2** Hier lernen die TN ein typisches Aufgabenformat von C1-Prüfungen kennen. Der Text – hier ein Telefonat – darf nur einmal gehört werden. Daher ist die genaue Vorbereitung des Hörens wichtig. Die TN nehmen sich vor dem Hören Zeit, die Aufgaben gründlich zu lesen. Die zu füllenden Lücken sind mit b–j

Rubrik/S.	Lernziel	Nr./Hinweise
		nummeriert. Aus Aufgabenteil a wird deutlich, welche Form die Antwort bzw. Notizen haben sollten. Zur Auswertung kann die KL eine Kopie oder eine OHP-Folie mit allen richtigen Lösungen einsetzen.
	Verwendung hochfrequenter Modalpartikeln	**4** Da die häufige Verwendung von Modalpartikeln hauptsächlich ein Merkmal der gesprochenen Sprache ist, wird die Grammatik über einen Hörtext bzw. dessen Transkript präsentiert. Bei der Lösung der Aufgabe muss die KL beachten, dass die Partikeln „denn" und „eigentlich" oft austauschbar sind; in vielen Fällen können beide verwendet werden.
	Modalpartikeln bestimmten Satztypen zuordnen	**5** Die TN versuchen, eine erste Systematisierung vorzunehmen, indem sie Modalpartikeln Frage- bzw. Aufforderungs- und Aussagesätze zuordnen. Dabei können sie sich an S. 30 orientieren. Dort wird zu jeder Modalpartikel ein Beispiel gegeben, die Satzart genannt und die ungefähre Bedeutung formuliert. Zur Vertiefung sollten eine oder zwei der Arbeitsbuchübungen auf S. 23/24 im Unterricht gemacht werden.
Lesen 2 26/27		Der Text stammt aus einem „Finanzratgeber" und hat eine für die Textsorte typische hohe Informationsdichte.

Landeskunde: Mitfahrzentrale, Mitwohnzentrale
Anfang der 80er-Jahre wurden in einigen europäischen Großstädten die ersten sogenannten Mitfahrzentralen gegründet. Dies sind Vermittlungsstellen zwischen Autofahrern, die gegen Kostenbeteiligung Plätze in ihrem Auto für eine bestimmte Reiseroute zu einem bestimmten Termin anbieten, und Reisewilligen, die eine preisgünstige Mitfahrgelegenheit suchen. Die Mitfahrzentrale übernimmt dabei die Aufgabe der Koordination von Mitfahrangeboten und -gesuchen. Bei erfolgreicher Vermittlung bezahlt der Mitfahrer eine Pauschale, die sich nach der Kilometerdistanz zwischen Ausgangs- und Zielort richtet. Die Idee, freie Plätze im Auto zu nutzen, wurde später auch auf den Bereich Wohnen übertragen, d.h. vorübergehend leer stehender Wohnraum wird an Wohnungssuchende, die nur kurz verweilen wollen, vermittelt. Inzwischen sind Mitfahr- und Mitwohnzentralen in Deutschland zu einem einträglichen Wirtschaftszweig geworden.

Rubrik/S.	Lernziel	Nr./Hinweise
	Vorwissen zum Thema „Mitwohn- oder Mitfahrzentralen" einbringen und Vermutungen anstellen	**1–2** Die TN formulieren Erwartungen an den Text. Diese Fragen sammelt KL auf Folie oder an der Tafel, um sie im Anschluss an die Textlektüre mit Informationen im Text vergleichen zu können.
		3 Die TN sollen dem Ratgebertext alle relevanten Informationen entnehmen und diese im Raster notieren. Auf orthografische Richtigkeit wird dabei nicht geachtet, solange die Information noch erkennbar ist. Weitere Aufgaben dieses Typs finden sich im Kursbuch (S. 58, 99 und 111).

Rubrik/S.	Lernziel	Nr./Hinweise
	über Vor- und Nachteile von „Mitwohnen" sprechen	**4** Die TN bringen die eigene Meinung ein. **Methode:** Gruppengespräche Während sich die TN in Kleingruppen über ihre Ansichten und gegebenenfalls Erfahrungen zum Thema „Mitwohnen" austauschen, geht KL von Gruppe zu Gruppe. Sie/Er hilft bei Formulierungsschwierigkeiten, regt das Gespräch nötigenfalls durch eine Zwischenfrage oder -bemerkung an und fordert zurückhaltende TN durch direkte Fragen auf, sich ins Gespräch einzubringen. Die Ergebnisse der Gesprächsrunden können folgendermaßen im Plenum präsentiert werden: Jede Gruppe bestimmt ein Gruppenmitglied, das in zwei bis drei Sätzen die Ergebnisse des Gesprächs zusammenfasst. Bei arbeitsteiligen Gruppenaufgaben, d. h. wenn die einzelnen Gruppen verschiedene Aufgaben zu lösen haben, sollte das Wichtigste stichpunktartig auf Folie mitnotiert werden. Die Folie unterstützt anschließend die Präsentation im Plenum visuell und macht die Ergebnisse für die anderen Gruppen verständlicher. **5–6** Das grammatische Phänomen „zweiteilige Konnektoren" müsste auf dieser Stufe bekannt sein. Der Grammatikstoff wird hier noch einmal gefestigt.
Schreiben 2 28	Register und Stilmerkmale eines informellen und eines formellen persönlichen Briefs erkennen	**P 1** Hier lernen die TN ein Aufgabenformat aus dem Goethe-Zertifikat C1 kennen. Die TN stellen ihre soziokulturelle Kompetenz unter Beweis, indem sie einen Brief vom informellen ins formelle Register übertragen. Die TN arbeiten die Aufgabe in Einzel- oder Partnerarbeit durch. Zur Auswertung kann KL eine Kopie oder eine OHP-Folie mit allen richtigen Lösungen einsetzen.
Sprechen 29	etwas aushandeln	**2** Die Klasse simuliert hier eine sogenannte *WG-Party*. Die Aufgabe liefert die Beschreibung einer solchen Party, wie sie etwa im Internet zu finden ist. **3** KL bereitet rotes und grünes Papier sowie Aufkleber in diesen Farben vor. Jeder TN wählt eine Rolle – entweder Zimmersuchender oder Zimmerbietender. Er/sie heftet sich einen passenden farbigen Aufkleber an und formuliert vor Spielbeginn auf rotem oder grünem Papier einen Text fürs Infobrett. KL hängt die Texte am Infobrett aus. Jeder TN wählt ein interessantes Angebot vom Infobrett und beginnt mit dem Verfasser des Zettels eine Verhandlung. (Aufgabe 4). Ziel für die Zimmersuchenden ist es, günstigere Konditionen auszuhandeln.

Rubrik/S.	Lernziel	Nr./Hinweise

Verkaufsspiel → **SPRECHEN**

Spiel

Sie sind mit einem Freund / einer Freundin in einer Stadt in Deutschland, Österreich oder der Schweiz. Ihnen geht das Geld aus. Sie müssen sich unbedingt Geld besorgen. Aus diesem Grund versuchen Sie, auf einem öffentlichen Platz etwas aus Ihrem Besitz zu verkaufen.

a) Wählen Sie mit Ihrer Lernpartnerin / Ihrem Lernpartner aus der folgenden Liste aus, was Sie gemeinsam verkaufen wollen, und machen Sie sich Stichpunkte zu Ihrer Produktpräsentation.

ein Stadtplan und Ansichtskarten von Ihrer Stadt – Konzert- oder Fußballkarten – Gebäck aus Ihrer Heimat – die Hose, die Sie gerade anhaben – eine Schachtel Zigaretten – eine Packung Papiertaschentücher – Ihr Kursbuch – ein deutsch-japanisches/schwedisch-finnisches Wörterbuch – eine CD einer unbekannten Band aus Ihrem Land

b) Stellen Sie Ihr Produkt bzw. Ihre Produkte zu zweit in der Klasse vor und benutzen Sie dazu die Redemittel unten. Sie haben fünf Minuten Zeit, um Ihre Produkte vorzustellen und den Preis mit Ihren „Kunden" (der Klasse) auszuhandeln. Gewonnen hat das Team, das am meisten Geld eingenommen hat.

Haben Sie schon ...?
Sie brauchen doch sicher ...
Das ist etwas ganz Besonderes!
Eine einmalige/einzigartige Gelegenheit!
Diese ... ist vielseitig verwendbar. Sie können damit ...
Davon haben Sie schon immer geträumt.
Endlich die Möglichkeit für Sie ...
Jetzt oder nie!
Unglaublich, direkt aus ...

Hinweise zu Lektion 3

Rubrik Seite	Lernziel	Nummer Hinweise
Einstiegsseite 31	einen Kurzvortrag halten / ein Statement abgeben	2 Die Beschäftigung mit der Einstiegsseite ist in dieser Lektion etwas ausführlicher. Spontan sollen die TN in Kleingruppen Stichworte zum Thema „Lesen versus Fernsehen" sammeln, in der Gruppe Argumente vorbereiten und diese dann im Plenum vortragen. Es geht darum, für ein kürzeres monologisches Sprechen ohne Hilfen wie Internetrecherche o. ä. Inhaltspunkte zu sammeln und diese adäquat zu präsentieren.
Sprechen 1 32	Präsentation eines Hörbuchs	1 Hörbücher erfreuen sich immer größerer Beliebtheit und verdienen es, Teil des Unterrichts werden. a Die Auswahl bedarf jedoch der Vorbereitung. Die KL berät die TN bei Bedarf über mögliche Quellen für Hörbücher. Das hier gewählte Beispiel wurde von der Website *www.vorleser.net* gewählt, auf der mp3-Dateien zum kostenlosen Herunterladen zu finden sind.

Rubrik/S.	Lernziel	Nr./Hinweise

Die Präsentationen der TN können – ähnlich wie bei der Presseschau in Lektion 1 – nach und nach im Verlauf des Kurses gemacht werden.

b Die TN vergegenwärtigen sich anhand der W-Fragen die wichtigsten Kriterien für die Auswahl eines Hörbuchs.

2–3 Der Text dient als Vorlage.

4 Die TN üben hier das Präsentieren vor Publikum. Auszüge der präsentierten Hörbucher können auch in der Klasse angehört werden.

Methode: Hörspiele im Fremdsprachenunterricht
Zur Schulung des Hörverstehens eignen sich auch literarische Texte, die den TN einen affektiven Zugang bieten.
Mittlerweile gibt es ein umfassendes Angebot an Hörspielen bzw. Hörbüchern (Audio books).
Für Deutschlerner eignen sich vor allem „leichte", unterhaltsame oder spannende Hörspiele. Krimis sind besonders geeignet, wenn sie, über einen längeren Zeitraum verteilt, regelmäßig Passage für Passage eingesetzt werden (z. B. zu Unterrichtsbeginn als „warming up" oder in den letzten zehn Minuten der Unterrichtsstunde). Die TN können nach jedem Abschnitt über den Fortgang spekulieren.

Empfohlene Hörbücher:
Krimis: Friedrich Dürrenmatt: *Die Physiker, Der Besuch der alten Dame, Der Richter und sein Henker;* Ingrid Noll: *Der Hahn ist tot, Die Apothekerin*
Humor: *Loriot-Sketche,* Wilhelm Busch: *Max und Moritz*
Märchen: Jakob und Wilhelm Grimm: *Hausmärchen*

Lesen
33-37

1 Die Erzählung *Die unwürdige Greisin* handelt von den letzten beiden Lebensjahren einer alten Frau, der Großmutter des fiktiven Ich-Erzählers.
Im Gegensatz zur bisher in *em* präsentierten Literatur handelt es sich hierbei um einen literarischen Ganztext. Für die TN ist es ein Erfolgserlebnis, eine mehrseitige Erzählung ohne größere Probleme zu verstehen.
Als Einstieg in die Thematik „Das Leben älterer Menschen" eignet sich für die meist jungen TN der Bezug auf das Leben ihrer Großeltern.

Hintergrund: *Die unwürdige Greisin*
Die Erzählung entstand 1939 in Dänemark, veröffentlicht wurde sie erst 1949 in den „Kalendergeschichten".
Der Ich-Erzähler ist der Enkel der Greisin, die im Mittelpunkt der Erzählung steht. Er ist jedoch weder Augenzeuge der Ereignisse, noch erfährt er die Dinge aus erster Hand. Sein Wissen stammt aus Berichten des Vaters. Dieser hat seine alte Mutter nur einmal besucht; das meiste erfährt er aus Briefen seines jüngeren Bruders,

Rubrik/S.	Lernziel	Nr./Hinweise

eines Buchdruckers, der als Einziger von allen Geschwistern noch in derselben Kleinstadt wie die Mutter lebt.
Meist gibt der Erzähler die Meinung des Buchdruckers wieder, der von seiner Mutter enttäuscht ist. Er lebt mit seiner Familie in sehr bescheidenen Verhältnissen und hatte gehofft, nach dem Tod des Vaters von dessen Erbe bzw. dem großen Haus der Mutter profitieren zu können. Aber die (Groß-)Mutter beginnt plötzlich, an sich selbst zu denken, und handelt für das damalige Rollenverständnis völlig unverständlich und unpassend. Ihr Sohn nennt dies „unwürdig“: Sie geht häufig ins Kino, ist mit Menschen befreundet, die nicht der bürgerlichen Norm entsprechen, spielt Karten und trinkt gelegentlich ein Glas Wein. Es sieht ganz so aus, als habe sie mit ihrem früheren Leben abgeschlossen.
Der Erzähler selbst bleibt als sachlicher Berichterstatter im Hintergrund. Er nimmt zum Verhalten der Großmutter nicht Stellung, sondern überlässt es dem Leser zu entscheiden, ob die Großmutter sich „unwürdig“ verhält oder nicht.

	einen literarischen Ganztext abschnittsweise erschließen	**2–10** Zur Erschließung des Textes werden zuerst die Aufgaben der rechten Spalte und dann das dazugehörige Textstück gelesen. Die Besprechung der jeweiligen Fragen erfolgt Absatz für Absatz, so dass der Text schrittweise „enthüllt“ wird. Zur Erarbeitung der Aufgaben eignet sich Partnerarbeit. Anschließend werden die Lösungen und Interpretationen im Plenum besprochen. Die Aufgaben sind meist eine Mischung aus inhaltlicher Erschließung des Textes und Interpretation wichtiger Textstellen. **2, 4, 6** In diesen Aufgaben geht es um ein detailliertes Lesen auf Fakten hin. Häufig kann der Inhalt anhand von W-Fragen erschlossen werden. **3, 5, 9** Die Lektüre des Textes wird an mehreren Stellen durch Spekulationen zum Fortgang bzw. Ende der Geschichte unterbrochen. So werden die TN zur aktiven Auseinandersetzung mit dem Text angeregt und ihr Interesse an der Fortsetzung der Geschichte wird aufrechterhalten. **11–13** In den letzten drei Aufgaben geht es um eine abschließende Textinterpretation bzw. um ein Gespräch darüber, welche Gültigkeit die aus der Textlektüre gewonnenen Einsichten über den Text hinaus haben können. In literarisch interessierten Klassen kann KL auf andere Erzählungen Brechts aus den „Kalendergeschichten“ verweisen.
Schreiben 38	ein Referat vorbereiten und schriftlich ausarbeiten	**1** Die beiden abgedruckten Meinungen spiegeln zwei typische Sichtweisen wider. Menschen aus westlichen Industrieländern vertreten sicherlich häufiger den links abgedruckten Standpunkt. Menschen aus Kulturen, in denen die Großfamilie zur gesellschaftlichen Normalität gehört, tendieren wohl eher zum Standpunkt rechts. Da viele Kulturen, gerade was die Familienstrukturen angeht, im Umbruch sind, ist hier mit einer kontroversen Diskussion zu rechnen. Argumente und Gegenargumente bereiten die folgende Ausarbeitung eines Referats vor.

Rubrik/S.	Lernziel	Nr./Hinweise

Methode: Stoffergänzung durch Referate
Neben schriftlich ausformulierten Referaten kann KL bei ausreichend Zeit und Interesse von Seiten der TN auch mündliche Kurzreferate halten lassen. Das Kursbuch bietet zahlreiche Anlässe, an denen die TN üben können, sich zu einem vorbereiteten Thema zusammenhängend zu äußern (z. B. S. 16 zu einem freien Thema „Naturschutz", S. 84 Thema „Strafmündigkeit".
KL sollte darauf hinweisen, dass das Referat nicht zu viel Spezialwissen von den Zuhörern erfordern, sondern vielmehr von allgemeinem Interesse sein soll, damit es für den gesamten Kurs fruchtbar ist.
Im Anschluss an das Referat sollte ein Gespräch oder eine Diskussion stattfinden, an der sich möglichst alle TN beteiligen.
Zur Vorbereitung von Referaten kann KL Hilfen geben, indem er/sie auf Zeitschriften (z. B. *Stern*, *Spiegel*, *Focus* usw.), auf Tageszeitungen (z. B. Beilage „Umwelt und Technik" der *Süddeutschen Zeitung*) oder auf das Internet verweist.

P 2 Diese Aufgabe dient der Vorbereitung auf die schriftliche Prüfung der C1-Prüfungsformate.

Prüfungsvorbereitung
Das dreischrittige Vorgehen – 1. Ideen sammeln, 2. Stichpunkte ordnen und gliedern, 3. Gliederungspunkte ausformulieren – gilt grundsätzlich für jede freie schriftliche Produktion. Unterstützend sind in Schritt 2 vier Leitfragen sowie in Schritt 3 Formulierungshilfen in Form von Redemitteln vorgegeben. Die Redemittel lassen sich auch auf andere Referats- bzw. Erörterungsthemen übertragen.

Rubrik/S.	Lernziel	Nr./Hinweise
Wortschatz 39	Adjektive mithilfe von Präfixen und Suffixen negieren	**GR 2** In dieser Übung finden sich zu jeder Vor- bzw. Nachsilbe ein bis zwei Beispiele. Die Vorsilben „miss-" und „un-" sowie die Nachsilben „-frei" und „-los" stammen aus dem Deutschen, alle anderen aus Fremdsprachen, zumeist aus dem Lateinischen. Zur Erweiterung der Wortliste können die TN mit Hilfe eines einsprachigen Wörterbuchs weitere Beispiele für diese Negationsformen suchen. **3–4** KL sollte klarstellen, dass die sich ergebenden Sätze der Übung ein Klischee oder ein Vorurteil wiedergeben. Damit dies ganz deutlich wird, sollten die TN angeregt werden, auch Sätze mit bewusst übertriebenen, provozierenden Aussagen zu formulieren. Übung 3 ist auch als Reihenspiel möglich, in dem jeweils ein/eine TN der klischeehaften Äußerung der/des vorherigen TN wider-

Rubrik/S.	Lernziel	Nr./Hinweise
		spricht und ein neues Klischee hinzusetzt; z. B. Satz 1: *Viele gute Sänger sind dick.* Satz 2: *Das stimmt ja gar nicht. Aber fast alle berühmten Schauspieler sind eingebildet.* Da die Übung 16 im Arbeitsbuch S. AB 36 am sinnvollsten in Partnerarbeit durchzuführen ist, sollte sie im Unterricht im Anschluss an Übung 4 gemacht werden. Die neu gefundenen Beispiele präsentiert KL am besten auf Folie, damit die restliche Klasse „passende“ Satzteile zusammensetzen kann.
Sprechen 2 40	etwas aushandeln	**P 1** Anstelle der im Buch abgebildeten Poster können die TN auch selbst Bildmaterial suchen und mit passenden Schlagzeilen versehen. KL geht von Gesprächsgruppe zu Gesprächsgruppe und hilft beim Formulieren. Ein oder zwei Musterdialoge können auf Kassette bzw. Video aufgezeichnet und anschließend analysiert werden. **Prüfungsvorbereitung** Bei dieser Aufgabenform geht es darum, aus zwei oder mehreren Vorschlägen etwas auszuwählen und diese Wahl zu begründen. In einem Gespräch (in C1-Prüfungen: in Partnerarbeit oder mit einem der Prüfer) sollen die TN Vorschläge formulieren und begründen und auf diejenigen des Partners angemessen eingehen. Am Ende sollen beide zu einem Entschluss kommen. Bei diesem Gespräch sollen die TN zeigen, dass sie Wertungen verbalisieren, Vor- und Nachteile abwägen und eine Lösung vorschlagen und begründen können. Zur Nachbereitung des Unterrichts findet sich im Arbeitsbuch S. 37 eine Aufgabe und eine „Musterlösung“ zu dem Poster-Gespräch. Die TN sollen die Redemittel aus dem Kursbuch hier noch einmal einsetzen.
Hören 41	einen Liedtext ergänzen und über Strophenaufbau, Musik und Inhalt sprechen	**1** Auf die *Moritat von Mackie Messer* wird anhand eines Bildes eingestimmt, auf dem ein Moritatensänger mit einer Drehleier abgebildet ist. Diese Moritat ist das Einführungslied der *Dreigroschenoper*, des Bühnenstücks, mit dem Brecht einen seiner größten Erfolge hatte. Der „Song“ von Mackie Messer ist in unzähligen Versionen und verschiedenen Sprachen weltweit bekannt geworden. **2** Durch das Hören der ersten Strophe bekommen die TN einen Eindruck von dem Musik- und Gesangsstil, der für eine Moritat kennzeichnend ist. Darüber hinaus erhalten sie einen ersten Eindruck von dem „Helden“ der *Dreigroschenoper*: Durch den Vergleich mit dem Haifisch wird die Erwartungshaltung der Zuhörer in Richtung Gefahr und Tod gelenkt. **3** Die TN ergänzen nach selektivem Hören einzelne Wörter am Ende der jeweils zweiten und vierten Zeile. Anschließend sollen sie erkennen, dass die fehlenden Wörter die Träger des Reimes sind. **4–5** Im ersten Teil der Strophen ist jeweils von verschiedenen, nicht näher beschriebenen Personen die Rede, im zweiten Teil von Mackie Messer. Die Personen (Mann, Frau, Kind = alle Welt) sind die Opfer, Mackie Messer der Täter. Durch die Reihung seiner Untaten entsteht das Bild eines grausamen, skrupel-

Rubrik/S.	**Lernziel**	**Nr./Hinweise**
		losen, scheinbar unbezwingbaren Königs der Unterwelt. Nachdem über das Schicksal der aufgeführten Opfer gesprochen wurde, kann man die Bedeutung des Begriffs „Moritat" klären.

Hintergrund: Moritat
Moritat: ein Lied mit zahlreichen Strophen, in dem von ungewöhnlichen, meist schaurigen oder rührseligen Ereignissen erzählt wird. Der monoton-melancholische Gesang wird von einer Drehleier oder einem anderen volkstümlichen Instrument begleitet. Moritaten wurden auf Märkten vorgetragen, um das Volk zu belehren und zu unterhalten.
In der modernen Literatur wird diese Form als „Kunst-Moritat" von Brecht, Peter Weiss, Wolf Biermann u. a. eingesetzt.

Spiel: Kettensätze → GRAMMATIK

Spiel

Die Klasse wird in zwei Gruppen geteilt. Jede Gruppe muss abwechselnd einen Satz nach dem folgendem Muster bilden. Die Sätze sollen jeweils mit einem Artikelwort beginnen.
Gewonnen hat die Gruppe, die die meisten fehlerfreien Sätze gebildet hat.

Beispiel: Spieler 1: *Dieser*
Spieler 2: *Dieser gefährliche*
Spieler 3: *Dieser gefährliche Hund*
Spieler 4: *Dieser gefährliche Hund hat*
Spieler 5: *Dieser gefährliche Hund hat zahlreiche*
Spieler 6: *Dieser gefährliche Hund hat zahlreiche ältere*
Spieler 7: *Dieser gefährliche Hund hat zahlreiche ältere Damen*
Spieler 8: *Dieser gefährliche Hund hat zahlreiche ältere Damen gebissen.*

Hinweise zu Lektion 4

Rubrik Seite	**Lernziel**	**Nummer Hinweise**
Einstiegsseite 43	Situationen beschreiben und Meinungen äußern	Die Fotos dienen zur Einstimmung ins Lektionsthema. Dargestellt sind rüpelhafte Verhaltensweisen: Sich an der Kasse vordrängeln, in Gegenwart anderer in einem öffentlichen Raum laut per Handy telefonieren, nachfolgenden Personen die Tür vor der Nase zufallen lassen. Möglicherweise werden diese Verhaltensweisen nicht in allen Kulturen als unangemessen empfunden.
Hören 44	Varietäten des Deutschen wahrnehmen, Unterschiede in Tonfall und Sprechweise heraushören	2 Gespräch zum Thema „Gutes Benehmen – Benimmfehler". Neben einer inhaltlichen Einstimmung wird durch die Fragen die Aufmerksamkeit darauf gelenkt, dass in einem Gespräch schon durch den Tonfall Charakterzüge einer Person zum Ausdruck kommen. Andererseits soll aber auch erkannt werden, dass die drei Personen aus unterschiedlichen deutschsprachigen Regionen stammen, nämlich aus Österreich, aus Norddeutschland und aus der Schweiz.

Rubrik/S.	Lernziel	Nr./Hinweise
	Globalverstehen	3 Beim ersten Hören sollen die TN einen Gesamteindruck erhalten und erkennen, welche Inhaltspunkte behandelt werden.
	genaues Verstehen	4 Hier wird in Abschnitten gehört. Die Antworten sind frei zu formulieren.
Lesen 1 45/46	Globalverstehen	1 Der Einstieg in das Thema „Richtiges Benehmen" erfolgt über die persönliche Erfahrung und/oder über die kulturellen Besonderheiten. Letztere gibt es nicht nur von Land zu Land, sondern sogar von Region zu Region. So darf man z. B. in Bayern im Restaurant Weißwürste ohne Messer und Gabel essen; in anderen Regionen Deutschlands wäre das unpassend.
		2 Zunächst verschaffen sich die TN einen Überblick über diese Sammlung von Regeln, indem sie jede einem der vier inhaltlichen Oberpunkte zuordnen. Bei der Bearbeitung geht man am besten arbeitsteilig vor. Jede Gruppe füllt dabei nur eine der vier Spalten, z. B. „Kommunikation".
		3 Diese Suchaufgabe sollte mit einem Zeitlimit versehen werden. Es ist zu erwarten und sogar wünschenswert, dass die TN eine Reihe von Regeln nennen und abwägen. Erst am Ende bringt KL die Lösungen ein: Die Regel Nummer 2 ist nicht mehr aktuell, Nummer 21 dagegen ist erst seit der Handy-Welle zum Thema geworden, aber falsch. Bei Nummer 25 kommt es sicherlich auf die Gesellschaft an, aber in Deutschland ist die Regel in den meisten Fällen auch falsch.
	eine Wahl begründen	4–5 Hier ergibt sich die Möglichkeit, im Unterrichtsgespräch Begründungen zu üben.
		GR 6 thematisiert die verschiedenen grammatischen Formen, mit denen sich Regeln ausdrücken lassen.
Schreiben 1 47	in Gemeinschaftsarbeit einen Test zum Thema „Andere Länder - andere Sitten" erarbeiten	Diese kreative Schreibaufgabe ist ein Projekt und nimmt entsprechend Zeit in Anspruch. KL bereitet geeignete Blätter, Stifte und Folien vor. Während der Erarbeitung der Testfragen geht sie von Gruppe zu Gruppe, berät, hilft bei sprachlichen Fragen und sammelt die Lösungen auf Folie. Ein gelungener „Test" kann auch anderen Klassen vorgelegt werden.
Schreiben 2 48	Höflichkeitsformen in formellen Briefen erkennen und anwenden	Nach dem Sammeln und Ordnen höflicher Ausdrucksweisen in den Aufgabenteilen 2a und 2b soll in Aufgabe 4 ein Dankesschreiben mit einer Bitte formuliert werden. Es ist aber auch möglich, je nach Interessenlage der Klasse andere Schreibanlässe vorzugeben, wie beispielsweise einen Beschwerdebrief, eine Bestellung von Prospektmaterial etc.
Sprechen 49	formelle und informelle Arten der Begrüßung und Anrede unterscheiden und korrekt anwenden	Eine häufige Unsicherheit im Umgang mit Personen aus einem anderen Kulturkreis sind so grundlegende Dinge wie Begrüßungsrituale (wen begrüßt man mit Handschlag, wer bekommt einen Kuss auf die Wange?) und das Duzen und Siezen in der deutschen Sprache. Anhand von simulierten Beratungsgesprächen können dabei verschiedene Situationen durchgespielt werden.

Rubrik/S.	Lernziel	Nr./Hinweise
Lesen 2 50–52	über Vorurteile sprechen	1 Bei dem Text handelt es sich um Auszüge aus einer in der *Süddeutschen Zeitung* abgedruckten Rede. Diese Aufgabe ist eine Einstimmung in das Thema. Hier kann KL ein Gespräch über Vorurteile/Klischees anschließen. KL kann fragen, welche Urteile/Vorurteile den TN noch einfallen, ob sich das Deutschlandbild der TN durch Kontakte mit Deutschen oder Aufenthalte in Deutschland geändert hat.
	eine Rede global verstehen, Überschriften den Textabschnitten zuordnen	2 Diese Aufgabe verlangt ein Grobverständnis des Textes. Die TN lesen in Stillarbeit/Einzelarbeit Abschnitt für Abschnitt nicht detailliert, sondern global. Als Lesehilfe dienen die Überschriften, zu denen die TN die entsprechenden Passagen finden sollen. Auf diese Weise üben die TN, sich auf die wesentlichen Informationen zu konzentrieren.
	genaues Verstehen, Einzelheiten erschließen	3 Die TN bewerten einzelne Aussagen des Textes danach, ob sie positiv oder negativ sind. Hinzu kommt in der vorliegenden Aufgabe, dass Beispiele genannt werden sollen. Die TN können diese Aufgabe in Partnerarbeit lösen, bei der sich eventuelle Unstimmigkeiten klären lassen. Die endgültige Kontrolle der Resultate erfolgt im Plenum. KL kann den vollständigen Raster als Korrekturblatt vorlegen.
	Hauptaussagen und Einzelheiten entnehmen	P 5 Textzusammenfassungen spielen bei verschiedenen C1-Prüfungsformaten eine Rolle. Als Vorbereitung auf solche Aufgaben sollen hier zunächst Fehler in der Zusammenfassung lokalisiert werden. Eventuell kann die Aufgabe auch als Hausaufgabe gegeben werden. Zur Auswertung kann die KL eine Kopie oder eine OHP-Folie mit den richtigen Lösungen einsetzen.
	die Verwendung von „es" analysieren	GR 7 Nachdem sich die TN intensiv mit dem Inhalt der Rede befasst haben, konzentriert sich die Aufmerksamkeit auf das Grammatikthema „es". Den TN fällt es oft schwer zu erkennen, wann „es" bei der Umstellprobe wegfällt und wann nicht. Deshalb tauchen immer wieder Fehler bei dem Gebrauch von „es" auf. Nach dem Prinzip des selbst gesteuerten Lernens untersuchen die TN die Stellung des Wortes „es" in einzelnen Sätzen des Lesetextes. Die TN ergänzen in Einzelarbeit die Übersicht. KL sichert die Ergebnisse auf Folie / an der Tafel. Es kann sinnvoll sein, die Aufgaben 9 und 10 im Arbeitsbuch (Seite AB 47) *vor* Aufgabe 7 im Kursbuch zu machen.
	die Funktion von „es" erkennen	GR 8 Die TN lesen in Stillarbeit die vier Aufgaben durch. Im Klassengespräch tragen alle TN ihre Ergebnisse zusammen und analysieren somit den Gebrauch und die Funktion von „es". Zum Abschluss lesen die TN die systematische Darstellung auf S. 54.
Wortschatz 53	Wortschatz zum Thema „Mündliche Kommunikation" erarbeiten und erweitern	1–2 Hier soll der Wortschatz vor allem durch umgangssprachliche Verben ergänzt werden.
	Redewendungen bzw. Sprichwörter sinnvoll verwenden	3 Bei Redewendungen und Sprichwörtern bietet sich immer ein landeskundlicher Vergleich an. KL fragt, ob es entsprechende Wendungen oder Sprüche in der Muttersprache der TN gibt. Der Wortschatz kann durch ein Pantomime-Quiz kontrolliert werden: Die TN erhalten Kärtchen, auf denen eine Redewendung steht, und müssen diese pan-

Rubrik/S.	Lernziel	Nr./Hinweise
		tomimisch darstellen. Die anderen TN raten, um welche Redewendung es sich handelt.

Methode: Pantomime
Eine willkommene Abwechslung im Unterricht ist die Darstellung von Wörtern oder Redewendungen durch Pantomime. Manche/r TN entpuppt sich als schauspielerisches Talent. Der Unterricht wird durch das spielerische Element aufgelockert.
Variante 1: KL schreibt bekannten Wortschatz auf Kärtchen, ein/e TN zieht ein Kärtchen und stellt den Begriff / die Wendung pantomimisch dar. Die anderen TN raten.
Variante 2: Die Klasse wird in zwei gleich große Gruppen geteilt. Von jeder Gruppe kommt ein/eine TN nach vorne und stellt sich mit dem Rücken zur Tafel. KL schreibt ein Wort an die Tafel. Alle anderen TN stellen nun den Begriff dar. Die beiden TN müssen raten, welches Wort dargestellt wird. Wer zuerst das Wort rät, dessen Gruppe bekommt einen Punkt.
Variante 3: Die Klasse wird in höchstens drei gleich große Gruppen geteilt. Ein/eine TN kommt nach vorne, stellt sich mit dem Rücken zur Tafel bzw. Overhead-Folie, auf die KL mehrere Begriffe geschrieben hat. Nun stellen die anderen TN in einer vorgegebenen Zeit (mit der Eieruhr messen) pantomimisch so viele Begriffe wie möglich dar, die die/der TN raten muss. Die Gruppe bekommt so viele Punkte, wie Wörter geraten wurden. Dann kommt die nächste Gruppe an die Reihe. Das Spiel kann in mehreren Runden gespielt werden. Statt einer/eines TN, die/der nach vorne kommt, können auch zwei gewählt werden.
(Weitere Redewendungen: Kursbuch S. 61)

Hinweise zu Lektion 5

Rubrik Seite	Lernziel	Nummer Hinweise
Einstiegsseite 55	Fotos beschreiben und interpretieren	Die beiden Bilder verdeutlichen sehr gut, wie sich seelisches Befinden in der Körperhaltung ausdrücken kann. Dieser Sprechanlass eignet sich daher als Einstieg ins Thema „Psychologie“, v.a. auch in die Thematik des folgenden Lesetextes.
Lesen 1 56/57	Hauptaussagen und Einzelheiten entnehmen	P 2 Hier lernen die TN das Aufgabenformat „Ergänzung einer Textzusammenfassung“ aus dem Goethe-Zertifikat C1 kennen. Die Zusammenfassung besteht aus zehn Einzelsätzen, in denen die Kernaussagen des Lesetextes in anderen Worten wiedergeben ist. Zur Ergänzung der fehlenden Wörter – in der Regel sind es Nomen – können Wörter aus dem Lesetext genommen werden. Es darf aber auch frei formuliert werden, solange der Inhalt korrekt wiedergegeben ist. Sollte die Ergänzung kleinere Fehler in der Korrektheit aufweisen, z.B. falsche Endungen, ist dies akzeptabel, solange der Inhalt klar ist.

Rubrik/S.	Lernziel	Nr./Hinweise
Lesen 2 58		Der Text über Sigmund Freud stammt aus einem Philosophen-Lexikon. Lexika gehören zu den für alle Zielgruppen relevanten Textsorten. Kennzeichnend für diese Textsorte sind sachlicher Stil und hohe Informationsdichte.
	einen Lexikontext detailliert verstehen	**1** Bei dieser Aufgabe handelt es sich erneut um eine Rasteraufgabe, wie sie in der Prüfung zum Erkennen von Hauptaussagen und Einzelheiten eingesetzt wird. Die TN sollen dem Lexikonartikel alle relevanten Informationen zu Freuds Lebenslauf entnehmen und diese stichwortartig in das Raster notieren. Die TN sollen genug Zeit erhalten, um die Aufgabe selbstständig zu lösen. Beim ersten Lesen unterstreichen sie die Lebensdaten im Text und erarbeiten sich somit die Hauptinformationen. KL oder ein/eine TN erarbeitet im Plenum die Ergebnisse auf Folie.
	Genitiv wiederholen und vertiefen	**GR 2** Ausgehend vom Text wiederholen die TN nach dem Prinzip „Sammeln, Ordnen, Systematisieren" den Genitiv. In Partnerarbeit ordnen sie zunächst Beispiele aus dem Text in das Raster ein. Anschließend ergänzen sie die Regeln, die dann im Plenum besprochen werden. Der Genitiv ist allen TN bekannt. Dennoch sind die im Alltag eher seltenen Genitivpräpositionen vielen TN nicht geläufig. Die TN lesen anschließend die Systematik der Präpositionen auf der Grammatikseite 66. KL weist darauf hin, dass der Genitiv in der Umgangssprache häufig durch *von* + Dativ ersetzt wird.
Hören 59/60	einen Hörtext vorentlasten	**1–4** Der Inhalt des Hörverstehens wird durch mehrere vorbereitende Schritte vorentlastet: Das Vorwissen der TN wird aktiviert, eine Text-Foto-Kombination vermittelt Hintergrundinformationen, der Titel des Hörtextes wird genannt und eine Erwartungshaltung dazu aufgebaut.
	eine Kurzszene global verstehen	**5** Die kleine Hörszene mit einer Patientin und einem Psychoanalytiker, die global verstanden werden soll, dient als weiterer Einstieg in das Thema „Psychoanalyse" und soll Anregungen zum Klassengespräch geben. Die Szene macht den Jargon eines therapeutischen Gesprächs deutlich.
	Hauptaussagen und Einzelheiten entnehmen	**P 6** Bei diesem Hörtext handelt es sich um eine Originalsendung des Bayerischen Rundfunks. Er beginnt mit einer kurzen, sprachlich anspruchsvollen Passage: Eine Sprecherin liest ein Zitat von Freud zur Definition des Begriffs „Psychoanalyse" vom Manuskript ab. Das anschließende Gespräch mit dem Psychoanalytiker Wolfgang Schmidbauer präsentiert authentische Sprache in normalem Sprechtempo. Hier lernen die TN ein Aufgabenformat aus dem Goethe-Zertifikat C1 kennen. Der Text befindet sich auf der CD einmal, wird den TN aber zweimal mit kurzen Pausen zum Lesen und Lösen präsentiert. Die TN nehmen sich vor dem ersten Hören zunächst Zeit, die Überschriften der Frageblöcke gründlich zu lesen und dabei Schlüsselwörter, z.B. *Freud, Psychoanalyse, Fall* zu markieren. Vor dem zweiten Hören lesen die TN alle Auswahlantworten pro Frageblock. Sie lösen mehrere Frageblöcke hintereinander. Zur effizienten Auswertung kann die KL eine Kopie oder eine OHP-Folie mit allen richtigen Lösungen einsetzen.
Wortschatz 61	Wortschatz und Redewendungen zum Thema „Geist und Seele" erarbeiten	**1–2** Die vier Begriffe *Geist, Seele, Herz, Verstand* werden auf dieser Seite intensiv behandelt. In Partnerarbeit ordnen die TN die Definitionen den Begriffen zu und klären die Bedeutung von Redensarten mit den vier Begriffen. Bei beiden Übungen bieten sich landeskundliche Vergleiche an: Existieren entsprechende oder ähnliche Wörter/Redewendungen in der eigenen Muttersprache?

Rubrik/S.	Lernziel	Nr./Hinweise
		Da die Aufgabenstellung 2c recht anspruchsvoll und zeitaufwendig ist, sollte sie in Gruppenarbeit (maximal vier Personen) gelöst werden. KL kann vorab ein Beispiel mit einem beliebigen Wort (z. B. *Seele*) auf Folie kopieren und mit den TN die Redewendungen erarbeiten. KL geht bei der Gruppenarbeit herum und hilft wenn nötig.

Methode: Arbeit mit dem Wörterbuch
Der Umgang mit dem Wörterbuch sollte den meisten TN bekannt sein. Da die TN Wörterbücher von sehr unterschiedlicher Machart und Qualität mitbringen, beziehen sich diese Aufgaben auf einsprachige Wörterbücher.
Zur Bearbeitung einzelner Aufgaben und um den TN den Umgang mit einem einsprachigen Wörterbuch näherzubringen, ist es empfehlenswert, der Klasse für diese Unterrichtseinheit einige Wörterbücher zur Verfügung zu stellen. Wenn möglich sollten je drei Personen mit einem Wörterbuch arbeiten können. Dabei können die TN ruhig verschiedene Wörterbücher benutzen. Falls nicht genügend Wörterbücher zur Verfügung stehen, kann KL Seiten aus verschiedenen Wörterbüchern kopieren und austeilen.

Rubrik/S.	Lernziel	Nr./Hinweise
Lesen 3 62	ein Gespräch über Kreativität führen	**1** Kreativität ist ein Thema, zu dem die TN aus der eigenen Erfahrungswelt berichten können. Je nach TN muss KL Ideen/Impulse für das Gespräch bieten. Vorab stellt KL die Frage: *Was ist kreativ?* Dazu kann KL eine Sammlung von Adjektiven wie *schöpferisch, innovativ, einfallsreich, ideenreich, fantasievoll* an die Tafel / auf Folie schreiben. Oder aber KL stellt als Gesprächsimpuls die Fragen: *Kennen Sie kreative Menschen? Wen? Was machen die? Sind Kinder kreativer als Erwachsene – warum? Sind alle Menschen kreativ? Ja/Nein/Warum?*
	einem Text Überschriften zuordnen	**2** Der Text stammt aus der Zeitschrift *Focus* und beschäftigt sich mit dem Thema, wie man seine Kreativität optimieren kann. Die Zuordnung von Überschriften zu den Textblöcken sichert das Globalverstehen. Falsche Zuordnungen können bei der Auswertung im Plenum geklärt werden und zu einem lebendigen Klassengespräch führen.
		3 Im anschließenden Gespräch kann KL fragen, ob die TN durch den Artikel Ideen bekommen haben und was sie besonders interessant finden. Einzelne der aufgeführten Tipps können auch für das Lernen von Fremdsprachen hilfreich sein.
Sprechen 63/64	Interaktion, etwas aushandeln	**1–2** Einstieg in die Thematik „Unterschiedliche Ordnungstypen" durch die Fotos.
		3 Damit die TN maximale Übungsmöglichkeiten erhalten, wird die Aufgabe in Gruppen erledigt.
		P 5 Hier lernen die TN ein typisches Aufgabenformat verschiedener mündlicher C1-Prüfungen kennen. Sprechanlass sind hier vier Abbildungen; in den Prüfungen sind es in der Regel nur verbale Vorgaben. KL lässt zwei gelungene

Rubrik/S.	Lernziel	Nr./Hinweise
		Gespräche im Plenum vorspielen und gibt den TN danach positives Feedback auf diejenigen sprachlichen Aspekte, die sie bereits gut bewältigt haben. KL bespricht im Kurs, welche Kriterien eine angemessene Leistung erfüllen muss, und bereitet dafür Bewertungsbögen vor. Zur Bewertung einer Partner- oder Gruppendiskussion bietet sich beispielsweise folgendes Raster an: – Inhaltliche Verständlichkeit der Argumentation, – kommunikative Leistung, z.B. Voranbringen der Diskussion, auf andere eingehen, einen Kompromiss formulieren, – sprachliche Richtigkeit: Wortschatz und Strukturen.
Schreiben 65	eine persönliche E-Mail verfassen	2 Bezug nehmend auf die Thematik der vorangehenden „Sprechen"-Seiten sollen hier die erarbeiteten Ratschläge zum Thema „Zeit- und Arbeitsmanagement" noch einmal in schriftlicher Form, als Reaktion auf den Hilferuf einer Freundin, festgehalten werden. 3 Auf Variation am Satzanfang und textverknüpfende Merkmale wird hier noch einmal ausdrücklich hingewiesen. 4 Die vorgegebenen Inhaltspunkte, auf die die Antwortmail eingehen soll, helfen den TN, einen strukturierten Text zu verfassen.

Hinweise zu Lektion 6

Rubrik Seite	Lernziel	Nummer Hinweise
Einstiegsseite 67	Personen auf einem Foto beschreiben, Vermutungen und Meinungen zu Personen äußern, fiktive Biografien erstellen	1–2 Der Einstieg in das Thema „Gesellschaft" erfolgt über das Foto. Dargestellt sind zwei Frauen und ein Mann, die Selbstbewusstsein und Erfolg im Beruf ausstrahlen und eine gewisse Distanziertheit zum Betrachter nahelegen. Die TN arbeiten in Gruppen. Je ein/eine TN pro Gruppe trägt die Ergebnisse im Plenum vor. Bei unterschiedlichen Resultaten kann KL nach den Gründen fragen. Der Einstieg über die Beschreibung der Personen und die Erstellung der fiktiven Biografien ist eine Einstimmung auf das Thema der Lektion: Frauen und Männer im Beruf, Gleichberechtigung, Stellung in der Gesellschaft usw.
Sprechen 68	eine Umfrage zum Thema „Karriere" durchführen und auswerten	1–3 Sprechanlass ist ein Original-Fragebogen aus der Zeitschrift *Stern* zum Thema „Karriere in Deutschland". Die Textsorte „Fragebogen" ist deshalb gut für den Unterricht geeignet, weil der Leser während des Lesens etwas für ihn Relevantes tut, nämlich Entscheidungen fällen, die auf ihn persönlich zutreffen. Dadurch ist die Motivation zur Bearbeitung dieses Teils meist groß. Die TN lesen zunächst den Fragebogen in Einzelarbeit, interviewen anschließend die Nachbarin / den Nachbarn und tragen das Ergebnis vor. Die TN äußern ihre Meinung zu den Ergebnissen. Die Beantwortung der Fragebögen wird in einer multikulturellen Gruppe zu unterschiedlichen Ergebnissen/Meinungen kommen. Dies ist ein interessanter Sprechanlass, um über unterschiedliche Interpretation und Rollenverteilung in den jeweiligen Herkunftsländern zu diskutieren. In einer nationalen Gruppe kann man das Ergebnis mit der anschließenden Auswertung im Arbeitsbuch vergleichen und die eigene Sichtweise kontrastiv zu der in Deutschland sehen. Je nach Gesprächsverlauf kann auf den Vergleich im Arbeitsbuch verzichtet werden.

Rubrik/S.	Lernziel	Nr./Hinweise

Landeskunde: Frauenpolitik

Die Gleichberechtigung von Frauen und Männern ist gesetzlich garantiert, doch der formalrechtlichen Gleichstellung stehen in vielen Bereichen soziale und ökonomische Benachteiligungen gegenüber.

Frauenquote:

Die Frauenquote ist ein Richtwert für den zu erreichenden Frauenanteil bei der Besetzung von Positionen in Verwaltung, Politik und Wirtschaft.

Frauen in Führungspositionen:

Trotz vereinzelter Förderprogramme in Großunternehmen waren Frauen Ende der 90er-Jahre in Führungspositionen der Privatwirtschaft deutlich unterrepräsentiert. Der Frauenanteil im Topmanagement beträgt derzeit in deutschen Großunternehmen 3,6%, im mittleren Management 11%.

Frauen in der Politik:

Frauen stellen derzeit circa 30% der Parlamentarier und führen ungefähr ein Drittel der Ministerien.

Frauen an der Universität:

Frauen sind an deutschen Fachhochschulen und Hochschulen weiterhin deutlich unterrepräsentiert. Allerdings bessert sich das Bild. 41% aller Promotionen und 22% aller Habilitationen stammen derzeit von Frauen. Der Frauenanteil bei hauptberuflichen Professuren beträgt nur etwa 15%.

Kind und Beruf:

Knapp 60% der Mütter mit Kindern unter 18 Jahren sind berufstätig. Zum 1. 1. 1999 trat der Rechtsanspruch auf einen Kindergartenplatz ab dem vollendeten dritten Lebensjahr uneingeschränkt in Kraft.

Lesen 1 69–71	Hauptaussagen aus mehreren Texten zum selben Themenbereich exzerpieren	**P 1** Hier trainieren die TN ein Aufgabenformat aus C1-Prüfungen. Die Rasteraufgaben stehen dieses Mal nach den Texten. Arbeitsteilung in Einzel-, Partner- oder Gruppenarbeit empfiehlt sich wegen des Umfangs der Texte. Jeder TN oder jede Gruppe bearbeitet nur einen Text. Eventuell kann die Aufgabe auch als Hausaufgabe gegeben werden. Zur Auswertung setzt KL eine Kopie oder eine OHP-Folie mit den Lösungen ein. Aufgrund der Komplexität der Aufgabe gibt es mehr als eine richtige Lösung. Fehler in Grammatik oder Rechtschreibung werden hier nicht beachtet.
Hören 72	Detailverstehen	Bei dem folgenden Hörverstehen kommen verschiedene Aufgaben gemischt zum Einsatz. Mal geht es um das Notieren von gehörten Informationen, mal braucht nur sortiert oder angekreuzt zu werden. **P 2** Auch die Technik des Notierens wird in verschiedenen C1-Prüfungsformaten gebraucht und hier bereits geübt.

Rubrik/S.	Lernziel	Nr./Hinweise
		KL präsentiert den Text abschnittsweise, wobei jeder Abschnitt zweimal gehört werden darf. KL bereitet eine Kopie oder Folie mit den Lösungen vor und lässt die TN am Ende ihre Antworten selber korrigieren.
Wortschatz 73/74	Bestandteile einer Gehaltsabrechnung verstehen	1–3 Beim Thema „Karriere/Arbeit" sollte eine typische deutsche Gehaltsabrechnung nicht fehlen. Besonderes Interesse daran dürften TN haben, die bereits in einem deutschsprachigen Land arbeiten oder dies planen. Sowohl Begriffe wie Bruttogehalt, Lohnsteuer, Sozialversicherung etc. wie auch deren prozentualer Anteil am Gehalt sind von Interesse.
	präzisierende und proportionale Konnektoren bzw. Adverbien ergänzen	4 Der Text zum Schaubild „Gleicher Lohn für gleiche Arbeit?" beinhaltet relativ schwierige, sogenannte präzisierende (z. B: respektive, vielmehr, lediglich) wie auch proportionale (je nachdem) Adverbien bzw. Konnektoren.
Lesen 2 75/76	syntaktisch/ semantisch korrekte Textergänzung	P 2 Hier lernen die TN das letzte Aufgabenformat im Prüfungsteil *Leseverstehen* aus dem Goethe-Zertifikat C1 kennen. Hier geht es vor allem um Wortschatzkenntnisse.
Schreiben 77	eine schriftliche Abhandlung verfassen	P 1 Siehe Kommentar zu S. 21.

Methode: Korrektur lesen
Sehr beliebt bei den TN ist das gegenseitige Korrekturlesen. Dazu eignen sich Aufsätze, Briefe und vor allem Diktate. Nach dem Korrigieren sollten sich die TN wieder zusammensetzen und ihre Korrekturen besprechen. KL geht während des Gesprächs herum und steht den TN für Fragen zur Verfügung. Auf jeden Fall korrigiert KL noch einmal zu Hause.

Hinweise zu Lektion 7

Rubrik Seite	Lernziel	Nummer Hinweise
Einstiegsseite 79	Vermutungen äußern und über einen Kriminalfilm berichten	2 Das Foto stammt aus dem Film *Über den Dächern von Nizza* von Alfred Hitchcock. Die männliche Hauptrolle spielte der hier abgebildete Cary Grant, die weibliche Grace Kelly. Das Bild soll Anlass zu Spekulationen sein – ein Wiedererkennen des Hitchcock-Films ist nicht intendiert. Im Arbeitsbuch S. AB 74/2 finden die TN ein Beispiel, wie die Situation auf diesem Bild von einem Muttersprachler beschrieben wird. Das Gespräch über Kriminalfilme kann im Plenum oder in Kleingruppen stattfinden.

Methode: Hör-Seh-Verstehen anhand von Krimis
Falls am Unterrichtsort deutschsprachige Fernsehkanäle empfangen werden können, kann KL Hinweise auf deutsche Kriminalserien bzw.

Rubrik/S.	Lernziel	Nr./Hinweise
		Kriminalfilme im Fernsehen geben. Bekannte Serien sind z. B. *Tatort, Der Alte, Derrick*. Oft sind diese Fernsehkrimis spannend und unterhaltsam, Sprache und Handlung jedoch nicht zu schwierig und auch nicht zu komplex für das Sprachniveau der TN.
Lesen 1 80	sich zu einer Zeichnung äußern und einen ironischen Kurztext verstehen	**1–2** Die Zeichnung dient als Einstimmung und Verstehenshilfe für den nachfolgenden Kurztext. Das Thema „Kriminalität“ wird hier unter einem ironischen Blickwinkel betrachtet. **3** Der Text weist viele Merkmale der gesprochenen Sprache bzw. Umgangssprache auf. Beispiele: emphatische Ausdrücke (*ehrlich wahr!*, Zeile 4; *solche Sachen eben*, Zeile 7; *also nee!* Zeile 19), Auslassungen (*Hatte noch nie etwas mit der Polizei zu tun*, Zeile 3; *Soll hier ja nicht liegen bleiben*, Zeile 10) und Verschleifungen (*war nur 'n kleiner Witz*, Zeile 11; *mit 'nem Gabelstapler*, Zeile 23). Zur Verdeutlichung und zur besseren Verständlichkeit dieser Textstellen könnte der Text zuerst von KL laut vorgelesen werden.
Wortschatz 81	Wortschatz zum Bereich „Recht und Kriminalität“ erschließen und systematisieren	**1** Die Nomen und Verben, die unter b) zuzuordnen sind, gehören zu den sogenannten festen Nomen-Verb-Verbindungen. Auf dieses Grammatikthema wird im Laufe der Lektion intensiv eingegangen. Es lässt sich hier bereits über die Nomen-Verb-Verbindungen zum Thema „Recht und Gesetz“ einführen. **2** Es liegt nahe, im Klassengespräch das deutsche Gerichtsszenario mit dem in den Heimatländern der TN zu vergleichen.

Methode: Erlebte Landeskunde – Gerichtsbesuch

In einer deutschsprachigen Umgebung ist es sinnvoll, sich gelegentlich „aus dem Klassenzimmer hinauszuwagen“ und reale Erfahrungen im Zusammenhang mit einer im Unterricht behandelten Thematik zu sammeln. Dazu eignen sich Interviews mit deutschsprachigen Personen, aber auch der Besuch von Institutionen bzw. Veranstaltungsorten.

Die hier vorgestellten Personen, die vor Gericht auftreten, kennen die meisten TN nur aus Filmen oder der Literatur. In den meisten Städten hat man die Möglichkeit, mit der Klasse einen Besuch bei Gericht (z. B. Amtsgericht) zu machen. Strafprozesse zu Delikten wie Diebstahl, Verstoß gegen das Betäubungsmittelgesetz (Drogendelikte), unerlaubtes Sich-Entfernen vom Unfallort (Fahrerflucht), Raub usw. sind in der Regel öffentlich und können von der Zuhörertribühne aus verfolgt werden.

Rubrik/S.	Lernziel	Nr./Hinweise

Lesen 2
82/83

Meinungen global verstehen und analysieren

Landeskunde: Strafmündigkeit
Als strafmündig gilt, wer fähig ist, die volle Verantwortung für eine Straftat selbst zu übernehmen.
In Deutschland sind Kinder bis zum vollendeten 14. Lebensjahr noch nicht strafmündig. Wer eine Straftat begeht und das 14. Lebensjahr noch nicht vollendet hat, kann also vom Gericht nicht bestraft werden. Jugendliche im Alter zwischen 14 und 18 Jahren sind bedingt strafmündig. Das heißt, im Fall eines Prozesses werden sie vom Richter nach dem Jugendstrafrecht verurteilt, das andere Strafen vorsieht als das allgemeine Strafrecht. Mit Rücksicht auf das Alter der Täter zielt das Jugendstrafrecht auf Erziehung und Hilfe ab. Ab 18 Jahren gilt die volle Strafmündigkeit.

3 Die hier wiedergegebenen Meinungen sind einer Umfrage in einer bekannten deutschen Wochenzeitung entnommen. Jede befragte Person verbalisiert eine typische Meinung. In Stichworten fassen die TN diese Positionen im Raster zusammen. Eine genaue Analyse der Standpunkte und der dazugehörigen Argumentation (Aufgabe 3b) dient u. a. zur Vorbereitung der Diskussion auf S. 84.

4 In dieser Aufgabe sollen zu den vorgegebenen Nomen als Teil einer Nomen-Verb-Verbindung die Verben und ggf. die fehlende Präposition ergänzt werden. Diese sind auf der Grammatikseite (S. 90) wiederzufinden.

5 Diese Umformungsübung dient der genaueren Bedeutungsanalyse der Nomen-Verb-Verbindungen, die man in den Meinungstexten vorfindet. Auf S. 90/2 werden Nomen-Verb-Verbindungen nach Bedeutungsaspekten wie „aktivisch", „passivisch", „Beginn oder Ende einer Handlung" bzw. „Dauer einer Handlung" unterschieden. Die TN können aufgefordert werden, die Nomen-Verb-Verbindungen aus den Texten diesen Bedeutungsaspekten zuzuordnen.
Das Arbeitsbuch bietet auf S. AB 77 eine Aufgabe an, wie sie in C1-Prüfungen zum Überprüfen der Wortschatz- und Grammatikkenntnisse eingesetzt wird. Für jede der zehn Lücken ist aus vier Auswahlantworten die passende anzukreuzen. Zu diesem Aufgabentyp vgl. auch Arbeitsbuch S. AB 8/3, S. AB 22/P5, S. AB 45/7, S. AB 77/P8.

Sprechen
84

Produktion Kurzvortrag

P 1 Die mündliche Präsentation, die Bestandteil aller C1-Prüfungen ist, wird hier durch eine Aufgabe zum freien Sprechen geübt. Die Bearbeitungsschritte sollen den TN helfen, über eine Reihe von Einzelstatements hinaus einen abgerundeten Kurzvortrag zu erarbeiten.

Methode: Präsentation von Gruppen- bzw. Partnerarbeit
Die Ergebnisse bzw. der Inhalt von Gruppenarbeiten sollten immer, auch wenn die Zeit knapp bemessen ist, im Plenum vorgestellt werden. Dabei sind verschiedene Vorgehensweisen möglich. Am schnellsten ist die kurze mündliche Darstellung oder Zusammenfassung der Gruppenarbeit durch ein Gruppenmitglied. Dabei gehen

Rubrik/S.	Lernziel	Nr./Hinweise
		den Zuhörern jedoch häufig wichtige Informationen verloren bzw. werden schnell wieder vergessen. Nachhaltiger ist die Ergebnispräsentation, wenn sie optisch unterstützt wird. *Variante 1 (Folienpräsentation):* Die wichtigsten Punkte werden auf Folie geschrieben und bei der Präsentation von einem Gruppenmitglied kommentiert. *Variante 2 (Metaplantechnik):* Die Ergebnisse werden in großer, gut lesbarer Schrift auf farbige Kärtchen geschrieben, nacheinander auf eine Pinnwand geheftet und dabei kommentiert. Vorteil: Kärtchen mit verschiedenen Farben oder Formen lassen sich optisch gut gruppieren. Falls die Resultate der Gruppenarbeiten im Plenum weiterdiskutiert werden, können die Kärtchen auch neu geordnet werden.
Schreiben 85	anhand von Bildern und Fragen einen Mini-Krimi schreiben	**1–2** Bei dieser kreativen Schreibaufgabe sollen die Teams ihrer Phantasie freien Lauf lassen. Dabei sollen sie jedoch versuchen, Antworten auf die vorgegebenen Fragen zu finden. Der „Originaltext" dieser Kriminalgeschichte ist im Arbeitsbuch S. AB 80/14 abgedruckt. **4–5** Reizvoll ist die Präsentation der Ergebnisse im Plenum dann, wenn sehr verschiedene Krimis entstanden sind. Der Vergleich der eigenen Krimis mit der „Originalversion" im Arbeitsbuch kann zur Intensivierung der Spracharbeit beitragen. Als Abschluss der kreativen Schreibaufgabe kann vom Kurs der beste Krimi prämiert werden. Auswahlkriterien können sein: *In welchem Krimi werden die W-Fragen am schlüssigsten beantwortet?* oder *Welcher Krimi ist am originellsten?*
Lesen 3 86/87	einem populärwissenschaftlichen Text Hauptinformationen entnehmen	**1** Die drei dargestellten Situationen sollen für die Thematik „Lügen – Notlügen – diplomatische Höflichkeit" und die oft schwierige Abgrenzung der Bereiche voneinander sensibilisieren. **2–3** Nachdem Wortergänzungen in Textzusammenfassungen bereits wiederholt geübt wurden, sollen die TN die schwierigere freie Textzusammenfassung üben. Die Zusammenfassung in Aufgabe 3 dient als Hilfe bzw. Kontrollmöglichkeit. Schwächere TN können auch diesen Text kurz durchlesen, bevor sie eine eigene Zusammenfassung schreiben. **GR 4** Die Ausgliederung von Satzteilen aus dem üblichen Satzbauplan zum Zweck der Hervorhebung und Betonung soll hier deutlich gemacht werden.
Hören 88/89	über Sprichwörter zum Thema „Lügen/Wahrheit" sprechen	**1** Als Einstimmung in die Thematik „Wahrheitsfindung" kann KL die TN auch ähnliche Sprichwörter in der Muttersprache suchen und übersetzen lassen.

Rubrik/S.	Lernziel	Nr./Hinweise
	Meinungen zum Thema „Lügendetektor“ aus einem Zeitungstext erschließen	**2–3** Das Foto und der Zeitungsausschnitt stammen aus einem Bericht zum Thema „Einsatz von Lügendetektoren “ in einer großen deutschen Tageszeitung. Das Bild veranschaulicht die im nachfolgenden Hörtext beschriebene Funktionsweise des Geräts. Die Beschäftigung mit dem Bild und dem Lesetext dient als Vorentlastung des Hörtextes, der eine für Radioberichte typische hohe Informationsdichte hat.
	Fragen zu einem Radiobericht beantworten	**P 4** Bei dem Hörtext handelt es sich um einen Radiobericht, in dem zu dem kontrovers diskutierten Thema „Lügendetektoren und Rechtsfindung“ Stellung genommen wird. Wie in dieser Sendeform üblich, wird der Text von verschiedenen Sprechern gesprochen. So werden die vielfältigen und komplexen Informationen für den Zuhörer strukturiert und damit leichter verständlich.

Spiel: Alibi → SPRECHEN

Spiel

Wählen Sie eines der folgenden Verbrechen.

Jemand hat in der vergangenen Nacht
- in Ihrer Schule alle technischen Geräte (Overheadprojektoren, Videogeräte, Computer etc.) entwendet.
- an Ihrer Schule große, hässliche Graffiti angebracht.
- telefonisch gedroht, den Kaffee im nahe gelegenen Automaten zu versalzen.

Teilen Sie die Klasse in drei Gruppen. Von jeder Gruppe geht eine Person als „Verdächtige/Verdächtiger“ aus dem Klassenraum.

Aufgaben	
für die Verdächtigen	**für die drei Gruppen**
Sprechen Sie sich gegenseitig ab und verschaffen Sie sich damit ein Alibi.	Überlegen Sie sich Fragen, mit denen Sie die Verdächtigen der Tat überführen wollen. (circa 10 Minuten)
Tragen Sie Ihr Alibi überzeugend vor.	Befragen Sie jeden Verdächtigen einzeln. (circa 5 Minuten pro Verdächtigen)
	Vergleichen Sie die Aussagen im Plenum. Versuchen Sie, einen Verdächtigen zu überführen.

Hinweise zu Lektion 8

Rubrik Seite	Lernziel	Nummer Hinweise
Einstiegsseite 91	freier mündlicher Ausdruck	Die Fotos zeigen eine Auswahl von technischen Erfindungen, die von deutschen Forschern und Ingenieuren ausgingen. In Zusammenhang mit S. 94 können bei entsprechendem Interesse hier wieder Referate verteilt werden.
Lesen 1 92-93	selektiv Informationen entnehmen	**1** Die wesentlichen Informationen, nämlich „wer erfand was?“ sollen den sechs Kurztexten entnommen werden. Dabei sollen die TN ähnlich wie beim überfliegenden Lesen zügig lesen und antworten. **GR 2** Das grammatikalische Lektionsthema „Präpositionen“ wird hier noch einmal anhand von Verben/Adjektiven und Nomen mit festen Präpositionen aufgegriffen. Die Übereinstimmung, die sich bei den verschiedenen Wortarten hinsichtlich der Präposition meist ergibt, ist auf der Grammatikseite (S. 102) dargestellt. **3** Diese Aufgabe kann auch als Hausaufgabe gegeben werden, damit die TN die Möglichkeit haben, Informationen einzuholen oder nachzuprüfen.
Schreiben 94	einen Artikel für eine Kurszeitung verfassen	Hier wird zum Thema „Erfindungen bzw. Innovationen, die jeder kennen sollte!“ Textproduktion schriftlich eingeübt. Schritt für Schritt gelangen die TN vom Sammeln und Ordnen der Stichpunkte über deren Ausformulierung mithilfe vorgegebener Redemittel zum fertigen Text.
Wortschatz 95	Wortfeld zum Thema „Wissenschaft“ aktivieren und erweitern	**1** Die TN sammeln Wörter aus den Kurzbiografien. Zusätzlich lässt KL die TN frei assoziieren und eigene Erfahrungen einbringen. KL hält die Ergebnisse an der Tafel / auf Folie fest. **Methode:** Wortigel, Brainstorming Ein bewährtes Mittel, in ein Thema einzusteigen, ist der Wortigel. KL schreibt ein Wort an die Tafel und lässt die TN alle Wörter sammeln, die ihnen spontan dazu einfallen. Durch das freie Assoziieren wird bereits vorhandenes Wissen aktiviert, gleichzeitig können die TN ihre individuellen Wortschatzlücken auffüllen. Zudem kann ein Lesetext so für schwächere TN vorentlastet werden. Durch genaueres Nachfragen bei bestimmten Assoziationen kann KL ein einleitendes Gespräch initiieren.
	Fachgebiete der Wissenschaft den Tätigkeiten zuordnen	**2–3** Die Wortschatzarbeit wird nun erweitert auf einige wichtige Fachgebiete, die an einer deutschsprachigen Universität studiert werden können. An die Aufgabe kann KL ein Klassengespräch anschließen, in dem sie/er fragt, welche der Fachgebiete die TN interessieren, worüber sie sich informieren, wenn sie Zeitung/Zeitschriften lesen, welche Wissenschaften sie langweilig finden usw. Je nach Zusammensetzung der Gruppe kann KL fragen, welches Fachgebiet die TN studieren / studiert haben / studieren würden. KL kann durch dieses Gespräch gleichzeitig die Interessen der TN feststellen und dementsprechend auch andere aktuelle Themen zu „Wissenschaft und Forschung“ im weiteren Unterrichtsverlauf einbeziehen. In dieser Lektion wurden bewusst Texte ausgewählt, die dieses Thema aus einer allgemeingültigen Perspektive beleuchten und somit ihre Aktualität nicht ver-

Rubrik/S.	Lernziel	Nr./Hinweise
		lieren. Da jedoch gerade auf dem Gebiet der Wissenschaft Aktualität besonders wichtig ist, kann KL, je nach Interessen und Zeitplanung, aktuelle Themen und Texte, die gerade in den Medien diskutiert werden, aufgreifen.
Hören 96	globales Verstehen	**1–2** Die TN lesen vorab die Fragen zu den einzelnen Abschnitten und hören anschließend den Hörtext Abschnitt für Abschnitt. Dabei konzentrieren sie sich nur auf die Fragen. Damit wird kein detailliertes, sondern globales Verstehen gefordert. KL sichert die Ergebnisse.
	Einzelheiten verstehen	**P 4** Bei dieser Aufgabe handelt es sich erneut um den Typ „Ergänzen/Korrigieren von Informationen", der in verschiedenen C1-Prüfungen eine Rolle spielt. Die TN versetzen sich in die Lage eines Kongressteilnehmers. Sie lesen die Programmpunkte, hören die Ankündigungen des Redners und tragen die Informationen zu Zeit- und Ortsangaben ein. Um der Realsituation möglichst nahe zu kommen, wird der Text nur einmal gehört. Diese Aufgabe verlangt von den TN Konzentration auf das Wesentliche und die Fähigkeit, das Gehörte rasch in Stichworte zu fassen. Nach der Bearbeitung in Einzelarbeit kontrollieren die TN ihre Ergebnisse in Partnerarbeit und berichten im anschließenden Klassengespräch, welche Informationen sie der Ankündigung entnommen haben.
Sprechen 1 97	eine Rede vorbereiten, Notizen zu einer Rede machen	**1–2** Auf dieser Stufe ist es sinnvoll, auch längere Redebeiträge einzuüben. Dazu werden bewusst Nonsense-Themen vorgeschlagen. Durch die Verfremdung wird die Motivation bei den TN erhöht und der Fokus der Rede vom Inhalt auf die Sprache gelegt. Vor dieser Unterrichtseinheit kann noch einmal die Rede von S. 108 gehört werden, damit die TN ein Beispiel einer nicht „ernst gemeinten" Rede kennen. Dadurch fällt es ihnen leichter, eine eigene Rede zu erarbeiten. KL kann auch „seriöse" Themen vorschlagen. Beispiel: *Sie halten bei einer guten Freundin / einem guten Freund die Hochzeitsrede.* KL erarbeitet mit den TN in der Klasse den Aufbau und die Gliederung der Rede. In Schritten wird die Rede vorbereitet. Der Arbeitsvorgang wird in vier Teilschritte – Informationen sammeln, ordnen, gliedern, ausformulieren – zerlegt. Die TN erstellen dann mit den erarbeiteten Mitteln ihre Rede entweder im Unterricht oder als Hausarbeit. KL hat vorab eine Terminplanung für die Präsentationen gemacht.
	eine Rede halten unter Berücksichtigung von Körpersprache und Intonation	**3–5** Den TN muss deutlich werden, dass die „Inszenierung" einer Rede, d. h. Mimik, Gestik und Intonation, wichtig ist. Wenn möglich sollten die Reden der TN auf Kassette oder Video aufgenommen werden, damit anschließend ein Korrektur- und Besprechungsdurchlauf gemacht werden kann. Wenn dies nicht möglich ist, sollte sich KL während der Rede Notizen machen und die Fehler nach dem Unterricht mit der/dem TN besprechen. *Variante:* Spiel: Nonsense-Debatte Das spontane Sprechen zu einem Thema kann geübt werden. Die TN schreiben lustige/provokative Thesen auf ein Kärtchen. KL hilft mit Ideen bzw. sagt den TN, wenn die Thesen zu absurd sind. Mögliche Thesen wären: *Pausen sind langweilig! Schlechtes Wetter macht gute Laune! Jeder sollte Bayerisch/Finnisch/Suaheli lernen! Ich brauche keinen Urlaub!* usw. Die Kärtchen werden gemischt, und jede/jeder TN zieht eine These, zu der sie/er spontan einen etwa zwei- bis dreiminütigen Kurzvortrag hält.

Rubrik/S.	Lernziel	Nr./Hinweise

Methode: Arbeit mit Video- oder Audiorekorder
Selbst kleine Digitalkameras haben oft eine brauchbare Videofunktion, und manche USB-Sticks nehmen Ton genau so gut auf wie ein Kassettenrekorder. Es ist also nicht mehr so aufwendig wie früher, Rollenspiele oder Simulationen im Unterricht in Film oder Ton festzuhalten und anschließend per Computer vorzuführen. Fast immer findet sich ein/eine TN, der/die bereit ist, die Kamera zu bedienen. Auch wenn die Erfahrung zeigt, dass sich die TN meistens anfangs dagegen wehren, aufgenommen zu werden, sollte KL die TN dazu überreden und auf den Lerneffekt hinweisen.
Die Motivation bei den TN, das Rollenspiel besonders gelungen zu gestalten, ist erfahrungsgemäß sehr hoch, und bei der anschließenden Analyse macht es den TN Spaß, sich selbst und die anderen TN zu hören bzw. zu sehen. Außerdem kann eine detaillierte Sprachanalyse erfolgen. Beim Halten einer Rede kann anhand einer Videoaufnahme besser über Körpersprache, Mimik und Gestik bzw. über Intonation gesprochen werden.
Sowohl das Kurs- als auch das Arbeitsbuch bieten viele Anlässe, z.B. Rollenspiele, Simulationen, Dialoge, die sich zu einer Aufnahme eignen.
Auch Phonetikübungen im Arbeitsbuch bieten sich an, aufgenommen zu werden. Ein weiteres Beispiel wäre der Mini-Krimi im Kursbuch S. 85, den die TN in ein „Drehbuch“ umarbeiten und anschließend vorspielen können.

Rubrik/S.	Lernziel	Nr./Hinweise
Lesen 2		Der Text stammt aus dem Magazin der *Süddeutschen Zeitung*.
98–100	Hypothesen zu einem Magazinbeitrag formulieren und überprüfen	1–2 Durch diese Aufgaben werden Erwartungen an den Text geweckt und das Lesen vorentlastet.
	einen Magazinbeitrag global verstehen	3 Die TN sollen der Zeitschriftenreportage alle relevanten Informationen zum zeitlichen Ablauf der Entdeckung des Aspirins entnehmen und diese im Raster notieren.
	genaues Verstehen	P 4 Bei dieser freieren Art der Textergänzung sind jeweils nur die ersten Wörter eines Satzes vorgegeben. Die TN sollen eine Zusammenfassung der Reportage durch relevante Informationen aus dem Ursprungstext ergänzen.
	die Bedeutung idiomatischer Ausdrücke erklären	5 Um unnötigen Zeitverlust zu vermeiden, kann die Sammelarbeit in arbeitsteiliger Gruppenarbeit vorgenommen werden. KL ergänzt das Raster auf Folie.
	Präpositionen wiederholen	GR 6 Nachdem die Leseaufgabe abgeschlossen ist, folgt das Grammatiktraining, bei dem der Text auf Präpositionen hin untersucht wird. Die Präpositionen sind den TN zwar bereits aus der Grundstufe bekannt, jedoch stellen Präpositionen auch in der Mittelstufe noch eine Lernschwierigkeit dar und können nicht oft genug wiederholt werden. Nach Erarbeitung der Aufgaben lesen die TN die Systematik der Präpositionen auf S. 102.

Rubrik/S.	Lernziel	Nr./Hinweise
		Alternative: KL beauftragt die TN, selbst Texte mitzubringen, wenn möglich zum Thema „Wissenschaft", das Original zu kopieren und die Präpositionen anschließend (mit Tipp-Ex oder Stift) zu entfernen. In Partnerarbeit werden die Texte ausgetauscht und dann (wieder nach Austauschen) korrigiert. KL kann auch einen Lückentext auf Folie ziehen und im Plenum die Präpositionen gemeinsam erarbeiten lassen.
Sprechen 2 101	eine Diskussion über ein Forschungsvorhaben vorbereiten	**1–2** In der folgenden Diskussion geht es um die ethischen Normen und Grenzen der Wissenschaft sowie die Fragen: „Welche Verantwortung hat die Forschung? Wie weit darf sie gehen?" Die TN entscheiden in Partnerarbeit, welches Forschungsvorhaben sie persönlich als gefährlich bzw. als unbedenklich empfinden.

> **Landeskunde:** Gentechnologie
> Die Gentechnologie wird seit Ende der 90er-Jahre in Medizin, Pharmazie, Landwirtschaft, Ernährungswissenschaft, Umwelttechnik und Chemie eingesetzt. Sie weckt vor allem für den Bereich Medizin die Hoffnung von Millionen Menschen; gleichzeitig wird vor der Gefahr gewarnt, der Mensch könne zum Versuchsobjekt gentechnischer Manipulationen missbraucht werden.
> Ebenso löste das Klonen (1997: Klonschaf Dolly) Diskussionen über die ethischen Grenzen der Medizin aus. Der Europarat in Straßburg verabschiedete 1996 die „Konvention über Menschenrechte und Biomedizin" mit ethischen Minimalstandards für Gentechnik, Embryonenforschung und Organtransplantation. Im Zusatzprotokoll sprachen sich 19 Staaten Europas gegen ethisch nicht verantwortbares Klonen aus.
> In Deutschland untersagt das Embryonenschutzgesetz die verbrauchende Embryonenforschung.

	eine Diskussion durchführen, Redemittel zuordnen	**3–4** Mithilfe von Redemitteln, welche die TN Redeintentionen zuordnen, soll eine Diskussion einer Ethikkommission durchgeführt werden. KL wählt eine/n besonders lebhafte/n TN dazu aus, die Diskussion zu leiten, und achtet darauf, dass jede/r TN sich mindestens einmal in die Diskussion einbringt. Auf der Hör-CD befindet sich, thematisch passend zu dieser Lektion, noch ein Ausschnitt aus einer Hörspielfassung von Friedrich Dürrenmatts Stück *Die Physiker*.

> **Methode:** Fehleranalyse
> Um eine Diskussion sprachlich so effektiv wie möglich zu gestalten, sollte KL während der Diskussion die wichtigsten Fehler der TN aufschreiben und diese anschließend im Plenum an der Tafel / auf Folie analysieren.
> *Alternative:* KL schreibt die Fehler der einzelnen TN mit der Korrektur auf kleine Zettel und händigt diese nach der Diskussion den TN aus. Dabei lobt er/sie auch, was die TN gut gemacht haben. KL kann danach in der Klasse herumgehen und die Fehler besprechen, wenn diese nicht klar sind.

Hinweise zu Lektion 9

Rubrik Seite	Lernziel	Nummer Hinweise
Einstiegsseite 103	Kunstbilder beschreiben und vergleichen	**1–2** Gustav Klimts weltbekannte Bilder *Der Kuss* (rechts) und *Die Sonnenblume* (links) werden mithilfe vorgegebener Begriffe zunächst beschrieben. Dabei sollen die beiden Bilder in einen Zusammenhang gestellt werden. Der Kunstkritiker Alfred Weidinger, Wien, schrieb dazu (in: Gegenwelten. Gustav Klimt – Künstlerleben im Fin de Siècle. Bayerische Vereinsbank 1996): *... Gleichermaßen, wie Klimt in den Porträts das Subjekt vegetabilisierte, personifizierte er in der Landschaft die Natur. Die Silhouetten des Menschen- bzw. Frauenbildes erinnern an eine überhöhte Form des Menschen- bzw. Frauenbildes, das als Sinnbild des Lebens und stellvertretend für die Zusammenfassung aller Schönheit der Natur verstanden werden konnte. Der Begriff „Vegetabilisierung" bezeichnet somit die Verornamentierung durch pflanzliche Elemente in Klimts Bildern. Höhepunkt dieses Prozesses ist die vollständige Identifikation von Blume und Frau.*
Lesen 1 104/105	überfliegendes und selegierendes Lesen	**2** Es empfiehlt sich, für diese Aufgabe ein für die Kursgruppe recht knappes Zeitlimit anzusetzen oder die Aufgabe als „Tempowettbewerb" zwischen Teilnehmergruppen zu gestalten. **Landeskunde:** Jugendstil Deutsche Bezeichnung für eine Stilrichtung der europäischen Kunst (ca. 1890–1914), die in Frankreich *Art Nouveau*, in England *Modern Style*, in Spanien *Modernismo* und in Österreich *Sezessionsstil* genannt wird. Als Reaktion auf den Historismus, der die Stile vergangener Epochen nachahmte, schufen die Jugendstil-Künstler einen ornamentalen Flächenstil mit dynamisch geschwungenen Linien. Häufig bilden Pflanzen die Grundlage der Ornamente. Der Jugendstil strebte die wechselseitige Durchdringung von Kunst und Leben im Gesamtkunstwerk an (Verbindung von Architektur und Design); die angewandte Kunst stand im Mittelpunkt. Auch die Malerei des Jugendstils ist flächenhaft-dekorativ, am reinsten verwirklicht bei Gustav Klimt. Als Vorläufer gelten Émile Bernard und Paul Gauguin, die in Frankreich einen umrissbetonten Flächenstil entwickelten, der auf japanische Farbholzschnitte zurückgeht.
	nähere Bestimmungen von Nomen zuordnen und heraussuchen	**GR 4–5** Grammatisches Thema der Lektion ist die nähere Bestimmung eines Nomens. Im Einzelnen dürften die aufgeführten Formen den TN bereits bekannt sein, hier werden sie im Überblick (s. a. S. ~~128~~ 115) präsentiert.
Wortschatz 106	Baustile und Design-Objekte beschreiben, Begriffe definieren	**1** Eingeführt werden zentrale Begriffe, die den TN in einer deutschsprachigen Stadtführung begegnen. **c** Damit der Wortschatz für die TN relevant bleibt, soll mit Gebäuden aus dem eigenen Erfahrungs- und Interessensbereich gearbeitet werden. Die Aufgabe kann zu einem Projekt ausgebaut werden.

Rubrik/S.	Lernziel	Nr./Hinweise
		2 KL oder TN können weitere Abbildungen von Objekten mitbringen, im Klassenraum aufhängen und beschreiben. Die Liste der Wörter wird je nach Bedarf erweitert.
Sprechen 107	Interaktion, etwas aushandeln	P 1 Siehe Kommentar zu S. 64.
Hören 108	Vermutungen äußern	1 Zur Einstimmung auf den Hörtext äußern sich die TN zu den drei Abbildungen. Zur Vorentlastung des Wortschatzes im Hörtext kann KL Begriffe wie z. B. *eine plastische Darstellung, die Ornamentalisierung, dekorativ strukturierte Fläche, ein mosaikartiger Teppich, naturalistisch, der Blick der Porträtierten, die Perspektive* anschreiben und sie mit den Bildern in Verbindung bringen.
	einem beschreibenden und informierenden Text Einzelheiten entnehmen	P 3 Bei dem Hörtext handelt es sich um einen kunsthistorischen Sachtext, der von einem Manuskript abgelesen wird. Der reichhaltige Fachwortschatz und die Art der Präsentation machen dieses Hörverstehen besonders dicht und anspruchsvoll. Zum detaillierten Hören wurde der Text deshalb in sechs Abschnitte unterteilt. Die Antworten sollten nur aus knapp gehaltenen stichwortartigen Formulierungen bestehen. Bei Bedarf werden einzelne Abschnitte zweimal vorgespielt.
Lesen 2 109–111	von sich erzählen, Meinungen äußern	1 Die Fragen dienen zur Einstimmung auf eine (gekürzte) Reportage zur Thematik „Aufnahme an einer Schauspielschule“ aus der Frauenzeitschrift *Brigitte*.
	Aufgaben zum Global- und Detailverstehen lösen	3–4 Die Aufgaben können in Partnerarbeit bearbeitet werden.
	eine Textzusammenfassung ergänzen	P 5 Die Reportage ist hier in circa 150 Wörtern zusammengefasst, d. h. auf die wesentlichen Aussagen des Textes beschränkt.
Schreiben 112	Textstruktur eines Briefes erschließen	1–2 Als Ausgangspunkt und Anregung für den eigenen Brief wird die E-Mail einer fiktiven Bekannten vorgegeben. Zur Bewusstmachung einfacher stilistischer Variationen suchen die TN in Aufgabe 2 unterschiedliche Satzanfänge heraus und ordnen diese verschiedenen Satzteilen zu.
	einen Antwortbrief nach bestimmten Vorgaben verfassen	3 Die TN erhalten als Vorgabe fünf Inhaltspunkte, anhand deren sie eine persönliche E-Mail bzw. einen persönlichen Brief schreiben sollen.

Prüfungsvorbereitung

Einen Brief oder eine E-Mail zu schreiben und dabei vorgegebene Inhaltspunkte zu berücksichtigen ist eine Aufgabe, die in Prüfungen schon ab Niveaustufe B1 vorkommt.
Der von den TN zu verfassende Brief ist die Antwort auf eine E-Mail. Dabei sollen sie sich an fünf Inhaltspunkte halten, zu denen sie zunächst Ideen sammeln und Stichpunkte notieren. Anschließend werden diese Punkte ausformuliert und möglichst variantenreich

Rubrik/S.	Lernziel	Nr./Hinweise
		miteinander verbunden. Bei der Vorbereitung auf diesen Prüfungsteil sollte KL auf Textsortenregister wie Du- oder Sie-Form, die diesbezügliche Klein- oder Großschreibung, Angabe von Ort und Datum sowie Anrede und Grußformel hinweisen. Als Einleitungssatz dient häufig der Dank für den erhaltenen Brief; vor dem Gruß am Ende formulieren die TN einen Schlusssatz. Am Ende sollte der Brief noch einmal aufmerksam auf Fehler und unpassende Formulierungen hin durchgelesen werden.
Sprechen 2 113/114		Die beiden Theaterfotos stammen aus verschiedenen Epochen des deutschsprachigen Theaters. Das Bild oben rechts ist ein Bühnenfoto aus dem Stück *Sport* der bekannten österreichischen Schriftstellerin Elfriede Jelinek (*1946). Das Bild unten links ist ein Atelierfoto. Es zeigt die Darsteller aus der Oper „Götterdämmerung" von Richard Wagner (1813–1883), Inszenierung Bayreuther Festspiele 1876. Es lassen sich sowohl Gemeinsamkeiten (z. B. mehrere männliche Darsteller befinden sich vor oder nach einem Kampf) als auch Unterschiede (z. B. Statik versus Dynamik) herausarbeiten.
	Bilder in einen thematischen Zusammenhang bringen und sich dazu äußern	2 Bei der Bildbeschreibung sollen die TN gebeten werden, zwischen objektiver Beschreibung und subjektiver Einschätzung zu unterscheiden. Zuvor sind die Redemittel zuzuordnen.
	Hörbeispiele analysieren und Verbesserungsvorschläge machen	3 Präsentiert werden zwei Beispiele von Schülerleistungen. Es ist leichter, Leistungen anderer TN zu analysieren, als die eigene. Bei Bedarf kann das Transkript der Texte (s. S. 63) herangezogen werden.
	Vermutungen mithilfe von Modalverben in „subjektiver" Bedeutung äußern	GR 4 Grammatikalischer Schwerpunkt der Lektion ist die Verwendung der Modalverben in der sogenannten subjektiven Bedeutung. Da sie nach dem Grad der Wahrscheinlichkeit zu unterscheiden sind, sind jedem Modalverb ein oder mehrere Ausdrücke der Vermutung zugeordnet, s. a. die Grammatikübersicht auf S. 116. Bei der Beschreibung der Bilder sollen die TN zwischen adverbialen Ausdrücken der Vermutung und Modalverben in subjektiver Bedeutung abwechseln. Dies wirkt natürlicher und ist stilistisch besser. KL kann auch weitere Fotos von Personen heranziehen, zu denen die TN Vermutungen über Alter, Beruf, Familienstand, Vorlieben etc. formulieren.

Rubrik/S.	Lernziel	Nr./Hinweise

Spiel

Spiel: Bilder-Quiz → **SPRECHEN**

Vorbereitung

Jede/r bringt ein Foto mit, das zum Thema „Theater" passt. Schneiden Sie dazu Bilder aus Zeitschriften aus oder kopieren Sie Fotos aus Büchern und Fachzeitschriften.

Durchführung

a) Eine/Einer sammelt alle Fotos ein, geht damit aus dem Zimmer und wählt eines aus. Sie/Er kehrt zurück, hält das ausgewählte Foto so, dass die anderen es nicht sehen können, und beantwortet Fragen.

b) Alle anderen stellen maximal zehn Ja/Nein-Fragen, um möglichst viel über das Foto herauszufinden. Beispiele: *Sind Personen zu sehen? Gibt es einen Mann und eine Frau? Tragen sie lustige Kostüme?*

c) Danach werden alle Fotos sichtbar ausgelegt, und die anderen müssen herausfinden, zu welchem Foto sie die Antworten bekommen haben. Dazu nennen sie Begründungen.
Beispiel: *Ich glaube, es ist dieses Bild. Warum? Wir haben eben gehört, dass Personen mit lustigen Kostümen zu sehen sind.*

Ist das gesuchte Bild gefunden, kommt der Nächste mit einem anderen Bild an die Reihe.

Hinweise zu Lektion 10

Rubrik Seite	Lernziel	Nummer Hinweise
Einstiegsseite 117	Einstimmung auf das Thema „Globalisierung"	Die meisten Gegenstände, Kleidungsstücke etc. aus unserem Alltagsleben stammen nicht mehr aus unserer Umgebung bzw.unserem Heimatland, sondern sind Produkte sogenannter Global Players – die Globalisierung gehört also zu unserem Alltag.
Hören 1 118	Vermutungen zur Thematik einer Rundfunkreportage anstellen	1 Die TN hören zunächst einen kurzen Textausschnitt der sprachlich anspruchsvollen Reportage zum Thema „Globalisierung". Durch die Besprechung der Fotos auf der Einstiegsseite wurde die Thematik vorentlastet.
	globales Textverstehen	2 Durch das Sortieren von Zwischenüberschriften erarbeiten sich die TN ein globales Verstehen des komplexen Hörtextes.
	Detailverstehen	3 Beim zweiten Hören in Abschnitten ergänzen die TN wichtige Details der Reportage. Die Lösungen werden nach jedem Abschnitt besprochen. Schwierige Passagen können ein drittes Mal gehört werden.

Rubrik/S.	Lernziel	Nr./Hinweise
Sprechen 119	ein Schaubild lesen und interpretieren	1 Die TN entnehmen dem Schaubild die Hauptthemen. 2 Anschließend bewerten sie die dargestellten Folgen der Globalisierung und finden Beispiele aus ihrer Erfahrungswelt. Bei der Zuordnung in den Rubriken „Positive Folgen" bzw. „Negative Folgen" ergeben sich unterschiedliche Ergebnisse. 3 In der anschließenden Diskussion können die TN entweder ihren eigenen Standpunkt einnehmen oder eine „Rolle spielen". Im letzteren Fall bereitet KL Rollenkärtchen für Personen vor. Beispiele: – Vertreter der G8-Staaten (aus Politik oder Industrie) – Gegner der Globalisierung aus der Gruppe ATTAC – Politiker aus einem wenig industrialisierten Land – Vertreter einer Menschenrechtsorganisation etc.

Methode: Diskussionen

Die Erfahrung zeigt, dass sich bei Diskussionen immer nur ein Teil der TN spontan am Kursgeschehen beteiligt. Schwächere oder schüchterne TN halten sich meist im Klassengespräch zurück. Um dies zu verhindern und eine Diskussion psychologisch und sprachlich gewinnbringend zu gestalten, gibt es verschiedene Möglichkeiten.

Kleingruppen bilden: Als Vorbereitung auf die Diskussion im Plenum bildet KL kleinere Gruppen (drei bis vier Personen). KL geht von Gruppe zu Gruppe und hilft, wenn nötig.

Diskussionsleiter wählen: KL wählt einen TN (einen besonders lebhaften/guten) aus, der die Diskussion leitet. So kann sich KL aus dem Geschehen zurückziehen, sich Notizen zu Fehlern machen und die „Verantwortung" ganz der Klasse überlassen. Erfahrungsgemäß geben sich die TN mehr Mühe, eine „interessante" Diskussion zu führen, wenn ein TN vorne sitzt. (Führt KL die Diskussion, verläuft diese je nach Tagesform der TN oft schleppend.)

Redemittel verteilen: KL kopiert die Redemittel (mehrmals dieselben), schneidet sie aus und gibt jedem TN zwei bis drei davon mit der Aufgabenstellung, diese mindestens einmal zu benutzen.

Rubrik/S.	Lernziel	Nr./Hinweise
Lesen 1 120	Globalisierung über Lebensläufe konkretisieren	Ziel ist es, anhand der Lebensläufe von drei konkreten Personen und deren wechselnden Lebensmittelpunkten einen Einstieg bzw. eine „Vorentlastung" für den Lesetext 2 zu schaffen, in dem es auf abstrakterem Niveau um die Thematik „Heimat, Heimatverlust und Globalisierung" geht.
Lesen 2 121–124	Einstieg in die Thematik „Heimat – Globalisierung"	1 Fotos mit der eigenen Lebensrealität vergleichen.

Rubrik/S.	Lernziel	Nr./Hinweise
	Hypothesen zur Thematik eines populärwissenschaftlichen Artikels überprüfen	**2–3** Vorentlastung und Einstieg in die Thematik des anspruchsvollen Textes.
	globales Verstehen	**4** Diese Aufgabe bietet eine Strukturierung des Textes und dient dazu, mithilfe der vorgegebenen Zwischenüberschriften die wesentlichen Inhaltspunkte schneller zu erfassen.
	totales Erfassen eines einzelnen Textabschnitts und Transfer der Thematik	**5** In Kleingruppen wird je ein Abschnitt genau gelesen. Im anschließenden Gruppengespräch werden eigene Erfahrungen zur Thematik eingebracht. Diese Aufgabe dient dazu, die im Text erwähnten Themen mit der Lebenswirklichkeit der TN zu verknüpfen.
	Passivsätze mit *wollen* und *sollen*	**6** Durch Ergänzen einzelner Sätze wird die Semantik von *wollen* und *sollen* erarbeitet. Danach folgt die Regelfindung. *sollen* verwendet man, wenn die Person oder Institution, die etwas will, im Passivsatz nicht mehr erscheint. Durch Umformung von weiteren Satzbeispielen wird das Grammatikthema geübt.
	zu + Partizip I als Adjektiv	**7** Die Aufgaben schließen das Kapitel „Passiv" ab.
Wortschatz 125	Techniken der Worterschließung anwenden	Hier wird auf die Eigenheit der deutschen Sprache, Komposita zu bilden, eingegangen. Die Technik der Worterschließung und Wortbildung wird anhand schwieriger Komposita aus den vorangegangenen Lektionsteilen eingeübt.
Schreiben 126	schrittweise eine Textzusammenfassung erarbeiten	Mithilfe der Zwischenüberschriften aus dem Text (Lesen 2) wird das Grundgerüst des Textes festgehalten. Die weiteren Arbeitsschritte systematisieren die Vorgehensweise hin zur Erstellung eines kohärenten Textes .
Hören 2 127	eine Hördokumentation schrittweise erschließen	Als sprachlich eher „leichter" und unbeschwerter Ausstieg aus der Thematik „Globalisierung" wird den TN eine Hördokumentation zum Thema „Zeitreisen" präsentiert, die auf einer im Fernsehen ausgestrahlten sogenannten „Reality-Dokumentation" basiert. Die historisch genaue Rekonstruktion von Lebensumständen aus vergangenen Epochen ist in vielen Ländern zu einer beliebten Fernsehunterhaltung geworden. Bedient wird die Sehnsucht nach der „guten alten Zeit", die mit voranschreitender Globalisierung wächst. Thema des Hörtextes ist die Auswanderung zahlloser Europäer nach Amerika ab Mitte des 19. Jahrhunderts. Die Hördokumentation ist abschnittsweise zu erschließen.

Teil 3

Anhang

Transkriptionen der Hörtexte

Lektion 1

S. 17/2 CD I 1

Um 22 Uhr 30 im ZDF: *Das Leben der Anderen* von Florian Henckel von Donnersmarck: Ost-Berlin, November 1984. Der linientreue Stasi-Hauptmann Wieseler – hervorragend gespielt von Ulrich Mühe – wird auf den erfolgreichen Dramatiker Dreyman (Sebastian Koch) und dessen Lebensgefährtin, eine Theaterschauspielerin, angesetzt. Wieseler verspricht sich von dem Auftrag einen Karriereschub. Doch das Eindringen in die Welt der Observierten verändert auch den Spitzel. Denn das Eintauchen in deren Leben, in dem freies Denken und Reden ganz selbstverständlich sind, macht Wieseler die Armseligkeit seines eigenen Daseins bewusst.
Mit seinem Kinodebüt stellt sich Florian Henckel von Donnersmarck als epochales Talent vor. Zuerst fallen die Bilder auf: schöne, sorgfältigste Kinobilder. Kein Dogma, sondern Klassik. Dann die Figuren: ebenso präzise. Ohne überflüssige Schnörkel. Jede Nuance stimmig. Die Geschichte: Ein Jahr lang hat der Regisseur nur recherchiert, viele Monate am Drehbuch geschrieben. Die DDR hat ihn gereizt, weil sie eine ideale Folie für große Dramen bietet: ein Drama über die Mechanik des Terrors und ein Film, der Geschichte schreiben wird. Einer der besten deutschen Filme seit vielen Jahren.

CD I 2

Um 0 Uhr 15 im ZDF: *Der Blick des Odysseus*, ein Meisterwerk von Théo Angelopoulos, dem griechischen Regisseur. *Der Blick des Odysseus* erzählt eine Reise, die in Griechenland beginnt und über Albanien, Bulgarien, Rumänien bis nach Jugoslawien führt. Ein Filmemacher, Harvey Keitel spielt ihn, sucht nach vielleicht noch vorhandenen Filmen von Pionieren des griechischen Kinos, der Manaki-Brüder. Seine Reise wird zu einer atemberaubenden Odyssee durch die Vergangenheit und die Gegenwart des Balkans. Auf unglaublich elegante, überraschende und sehr filmische Weise gelingt es Angelopoulos, den Blick auf die Geschichte zu öffnen. Für den Krieg im ehemaligen Jugoslawien findet er Metaphern, die so genau sind, dass einem der Atem stockt. Die Einwohner von Sarajewo feiern ihre bescheidenen Feste beispielsweise im Nebel, weil der Nebel sie vor dem Feind versteckt. In diesen Szenen offenbart der Film eine große Emotionalität, die den Zuschauer berührt. *Der Blick des Odysseus* ist ein Film, der einen wieder glauben lässt, dass das Kino nicht nur zur blanken Unterhaltung taugt, sondern auch große, begeisternde, anrührende Kunst sein kann. *Der Blick des Odysseus* von Théo Angelopoulos, um 0 Uhr 15 im ZDF. Ein Fall für den Videorekorder; dann kann man sich den Film gleich mehrmals anschauen.

CD I 3

Um 22 Uhr 15 in der ARD: *Die weiße Massai* – ein Film von Hermine Huntgeburth. Der melodramatische Liebes-Trip einer Weißen nach Schwarzafrika – dieser Stoff ist der Stoff, aus dem romantische Frauenromane sind.
Während ihres Keniaurlaubs lernt die Schweizerin Carola – gespielt von Nina Hoss – den Samburu-Krieger Lemalian (Jacky Ido) kennen. Carola ist fasziniert und verliebt sich Hals über Kopf. Kurzerhand storniert sie den Rückflug und schickt ihren Freund allein nach Hause. Carola folgt Lemalian in sein Dorf und beschließt, an der Seite des stammesbewussten Kriegers ihrem alten Leben den Rücken zu kehren. Mit unglaublicher Energie und gegen alle Widerstände baut sie sich ein neues Leben abseits der westlichen Zivilisation bei den Massai auf. Doch was sie für die größte Liebe ihres Lebens hält, wird zu einem Leben zwischen Himmel und Hölle. Auch wenn an Originalschauplätzen gedreht wurde und Nina Hoss eine Schauspielerin ist, die sehr sensibel das Spiel mit Zwischentönen beherrscht: Der Film wirkt an vielen Stellen arg vergröbernd und beschränkt sich auf Äußerlichkeiten. Spektakulär werden Einzelheiten des Alltags von Mann und Frau in Szene gesetzt und zeigen doch nur einen Teil der fremden Kultur – womöglich sogar nur die Oberfläche. Die Kamera fährt staunend die Hütten der Eingeborenen ab, aber es gelingt ihr nicht, einen Blick ins Innere zu werfen.
Regisseurin Hermine Huntgeburth übersetzt den Bestseller der Schweizerin Corinne Hofmann in überraschend simple Bilder. Ein Gefühls-Movie im Fernsehstil.

CD I 4

Um 20 Uhr 15 in der ARD: *Der Totmacher*, ein Film von Romuald Karmakar. Der Totmacher, das ist ein Massenmörder. Er heißt Fritz Haarmann. Anfang der 20er-Jahre brachte er in Hannover vierundzwanzig junge Männer um. So viele Morde hatte er jedenfalls zugegeben. Wer war dieser Fritz Haarmann? Für einen Film hätte das eine gute Frage sein können. Und die Antwort hätte vielleicht Einsichten erlaubt in die Psychologie eines Massenmörders. Doch das macht Romuald Karmakar nicht. Sein Film steht, auf merkwürdig zurückhaltende Weise, außerhalb aller Interpretationsversuche. Romuald Karmakar nimmt zu seinem Material keine Haltung ein, er dokumentiert es. Dass er im Film dabei von Anfang bis Ende eine Spannung hält, liegt nicht an der Figur des Massenmörders, sondern liegt am Schauspieler der Rolle. Es ist Götz George. Er wechselt in Sekunden den Tonfall, wird vom freundlich-ahnungslosen Kleinbürger, der die Welt nicht mehr versteht, zum Monster. Es ist etwas in ihm, das ihn zum Bösen treibt. Das ist von Götz George hervorragend gespielt. In Venedig war er 1995 für diese Rolle mit dem Goldenen Löwen ausgezeichnet worden. *Der Totmacher* von Romuald Karmakar mit Götz George um 20 Uhr 15 im Ersten.

Lektion 2

S. 22/2 CD I 5

Mit einem Dauerauftrag können Sie regelmäßig anfallende Zahlungen automatisch abbuchen lassen. Praktisch ist er vor allem bei Überweisungen über einen festen, immer gleich bleibenden Betrag, wie zum Beispiel Miete. So kann man nicht vergessen, die Überweisung zu tätigen. Natürlich kann ein Dauerauftrag jederzeit gestoppt werden.

CD I 6

Neben einem flexiblen Girokonto, über das man monatliche Einnahmen und Ausgaben, also etwa Gehalt und Miete, abwickelt, haben viele immer noch das gute alte Sparbuch. Darauf lagert meistens das Geld, das man für größere Investitionen, beispielsweise den Kauf eines Autos, zurücklegt. Auf dem Sparbuch erhält man nämlich Zinsen für sein Guthaben. Da diese seit Jahren nicht sehr attraktiv sind, legen die Banken noch ein viertel Prozent oder so drauf, wenn der Sparer sein Geld für einen längeren Zeitraum festlegt.

CD I 7

Sie wollen Bankgeschäfte von zu Hause aus abwickeln? Dann ist Online-Banking das Richtige für Sie. Vom bloßen Abfragen des Kontostandes über die Durchführung von Überweisungen bis hin zur Einrichtung von Daueraufträgen können Sie heute alles bequem über PC oder Laptop ausführen. Aber Achtung: Für Ihre Transaktionen erhalten Sie von der Bank Kennwörter und sogenannte TANs, das heißt: Persönliche Identifikations-Nummern. Wenn Sie diese eingeben, sollten Sie sich nicht von Fremden beobachten lassen. Sonst hebt vielleicht mal ein anderer von Ihrem Konto ab.

CD I 8

Ihr Konto ist kurz vor dem Ersten fast leer – trotzdem würden Sie gern beim Sonderangebot im Möbelgeschäft zuschlagen! Ihr Geldinstitut gibt Ihnen meist gern einen Überziehungskredit in der ein- bis zweifachen Höhe Ihres Gehalts. Dafür bezahlen Sie natürlich Zinsen – und zwar nicht zu knapp! Dieser Kredit ist in der Regel die teuerste Art, sich Geld zu leihen. Deshalb sollte man sein Konto möglichst nur für kurze Zeit im Minus lassen!

CD I 9
Sie wollen nicht jedes Mal daran denken, Ihre Fernsprechgebühren zu bezahlen? Dann brauchen Sie der Telefongesellschaft nur eine Einzugsermächtigung zu erteilen. Dadurch kann der Geschäftspartner theoretisch jede beliebige Summe abbuchen: Also: Höhe des abgebuchten Betrags kontrollieren!

CD I 10
Bargeldlose Zahlungsweise wird auch in Deutschland immer beliebter. Die meisten Erwachsenen haben gleich mehrere Karten bei sich. In den meisten Geschäften kann man heutzutage mit EC-Karte bezahlen. Mit Ihrer Karte können Sie außerdem Geld in ganz Europa am Geldautomaten abheben. An Automaten Ihrer eigenen Bank bezahlen Sie dafür keine Gebühr.

CD I 11
Jeder kennt das: Kein passendes Kleingeld im Parkhaus, für den Bus oder für Briefmarken.
Kein Problem, denn Sie können jetzt auch kleine Beträge bargeldlos zahlen – mit Ihrer Geldkarte. Elektronisches Kleingeld bis zu 200 Euro können Sie mit Ihrer PIN von Ihrem Konto auf den Geldkarten-Chip laden. Bezahlen mit der Geldkarte geht schnell und einfach. Der Betrag wird von dem Geldkarten-Chip abgebucht, und der Restbetrag wird angezeigt.

S. 25/P2 CD I 12
Shop: Webshop-GmbH, mein Name ist Straub, was kann ich für Sie tun?
Anrufer: Ja, Guten Tag, mein Name ist Braun, ich habe gelesen, dass Sie für Kunden Artikel im Internet verkaufen!
Shop: Ja, das ist richtig.
Anrufer: Wie funktioniert das eigentlich?
Shop: Das Ganze läuft so, dass Sie uns einfach ein oder mehrere Produkte vorbeibringen, die Sie verkaufen wollen. Wir übernehmen dann die gesamte Abwicklung des Internetverkaufs.
Anrufer: Was für Artikel dürfen das denn sein? Gibt es da irgendwelche Einschränkungen oder verkaufen Sie alles?
Shop: Grundsätzlich verkaufen wir alles – oder versuchen es zumindest. Aber der Verkaufspreis, den wir damit erzielen können, sollte schon bei mindestens 50 Euro liegen, bei CDs und Büchern bei 10 Euro, sonst lohnt sich ja der ganze Aufwand nicht.
Anrufer: Ja, klar, ... verständlich.
Shop: Und es sollte als Paket versendbar sein, also es darf maximal ein Meter 75 lang und nicht schwerer als 30 Kilo sein.
Anrufer: Ich hätte einige alte Foto- und Filmkameras und eine Modelleisenbahn von meinem Vater. Die stammen, glaube ich, aus den 60er Jahren. Die Sachen nehmen im meinen Keller seit Jahren unnötig Platz weg.
Shop: Ja, bringen Sie das alles ruhig mal vorbei. Am besten verkaufen sich Artikel wie Silberschmuck oder -besteck, Handys, Kameras, Audiogeräte, Musikinstrumente, Designeruhren, Sportgeräte, Markenporzellan, Sammlerstücke, eben wertvolle Sachen und Dinge, von denen Sie sich trennen wollen.
Anrufer: Na, dann passt das ja.
Shop: Könnte gut sein. Wir machen zuerst einmal professionelle Bilder von den Sachen und stellen sie bei e-bay für sieben Tage ins Netz ... zu einem Startpreis von einem Euro. Sollten die Artikel binnen dieser Frist verkauft werden, übernehmen wir für Sie das Verpacken und Verschicken und Sie erhalten Ihr Geld per Überweisung.
Anrufer: Das ist aber praktisch! Sie bekommen aber doch sicher auch etwas für Ihre Dienste?
Shop: Ja, richtig, das habe ich Ihnen ja noch gar nicht erklärt. Bei einem Verkaufswert von unter 1000 Euro verlangen wir 10 Euro plus 30 Prozent des erzielten Preises. Bringt Ihr gutes Stück sogar mehr als 1000 Euro, zahlen Sie 10 Euro plus nur noch 20 Prozent vom Verkaufspreis. Für Medienartikel berechnen wir allerdings grundsätzlich 45 Prozent Provision.
Anrufer: Oho! Das wäre dann wohl bei meiner Kamera fällig.
Shop: Genau!
Anrufer: Und wenn Sie einen Artikel nicht verkaufen, was passiert dann damit?
Shop: Sollte sich etwas nicht verkaufen, informieren wir Sie, und Sie sollten die Ware einfach wieder abholen. In diesem Fall entstehen Ihnen keine Kosten. Das ist doch eine feine Sache, oder?
Anrufer: Ja, da haben Sie recht, das klingt alles sehr interessant! Ich komme dann am besten die Tage mal bei Ihnen vorbei. Könnten Sie mir noch Ihre Öffnungszeiten und die genaue Adresse sagen?
Shop: Geöffnet haben wir Montag bis Freitag von 10 bis 22 Uhr und Samstag von 10 bis 18 Uhr. Wir sind in der Schleißheimerstr. 77, das ist ganz nah am Nordbad.
Anrufer: Ja, ich glaube, ich weiß, wo das ungefähr ist. Dann bis die Tage. Und vielen Dank schon mal. Tschüss!
Shop: Auf Wiederhören.

Lektion 3

S. 41/2–3 CD I 13–14
Und der Haifisch, der hat Zähne
Und die trägt er im Gesicht
Und Macheath, der hat ein Messer
Doch das Messer sieht man nicht.

Ach, es sind des Haifischs Flossen
Rot, wenn dieser Blut vergießt!
Mackie Messer trägt 'nen Handschuh
Drauf man keine Untat liest.

An der Themse grünem Wasser
Fallen plötzlich Leute um!
Es ist weder Pest noch Cholera
Doch es heißt: Macheath geht um.

An 'nem schönen blauen Sonntag
Liegt ein toter Mann am Strand
Und ein Mensch geht um die Ecke
Den man Mackie Messer nennt.

Und Schmul Meier bleibt verschwunden
Und so mancher reiche Mann
Und sein Geld hat Mackie Messer
Dem man nichts beweisen kann.

Jenny Towler ward gefunden
Mit 'nem Messer in der Brust
Und am Kai geht Mackie Messer
Der von allem nichts gewußt.

Wo ist Alfons Glite, der Fuhrherr?
Kommt das je ans Sonnenlicht?
Wer es immer wissen könnte –
Mackie Messer weiß es nicht.

Und das große Feuer in Soho
Sieben Kinder und ein Greis –
In der Menge Mackie Messer, den
Man nicht fragt und der nichts weiß.

Und die minderjährige Witwe
Deren Namen jeder weiß
Wachte auf und war geschändet –
Mackie, welches war dein Preis?

Lektion 4

S. 44/2–4 CD I 15
Frau 1: ... Gegessen hat der wie ein Haifisch. Grauslich. Und den Wein hat er geschlürft wie ein Elefant, also wirklich, der ist so furchtbar. Aber das Schärfste kommt noch. Stell dir vor, wie die Rechnung kommt, hat dieser Typ keinen einzigen Euro in der Tasche, und ich muss ihm's Geld borgen, verstehst du, damit er mich einladen kann.
Frau 2: Heftig. Und hat er's schon zurückgezahlt?
Frau 1: Bitte? Ich hab' die Rechnung gezahlt und ihm einen schönen Abend gewünscht. So ein unmöglicher Typ. Ah, echt. Dass er kein Geld hat,

ist eines, ja, aber dass er isst wie bei der Raubtierfütterung, nein danke, also das kann er machen, wo er will, aber sicher nicht mit mir zusammen im Restaurant. Peinlich war das.
Frau 2: Manche Kerle benehmen sich echt, als wären sie allein auf der Welt. Ich komm letztens vom Einkaufen heim, zwei schwere Tüten in den Händen, und da lässt mir mein Nachbar die Haustür einfach vor der Nase zufallen. Aber das wundert mich auch nicht, der Kerl ist eh so ein Idiot. Seine Zigarettenkippen tritt er einfach aufm Boden aus im Treppenhaus – er zahlt ja schließlich für die Reinigung. Sein Fahrrad stellt er im Keller immer so hin, dass man an sein eigenes nicht mehr drankommt – was kann er denn dafür, dass der Keller so eng ist. Und grüßen, nee, grüßen braucht der sowieso nicht.
Frau 1: Also Leute gibt's.
CD I 16
Mann: Ähm, Entschuldigung, ich möchte Sie nicht stören, aber würde es Ihnen etwas ausmachen, wenn ich hier kurz Platz nehme? Es ist kein anderer Platz mehr frei und, wissen Sie, ich brauch jetzt einen starken Kaffee, sonst schlaf ich ein.
Frau 1: Ja bitte, der Tisch ist ja groß genug, oder Eva?
Frau 2: Na ja, das find ich jetzt schon etwas ungewöhnlich.
Frau 1: Was denn?
Frau 2: Also bei uns in Norddeutschland macht man das nicht, dass sich jemand an einen Tisch dazu setzt.
Frau 1: Also bei uns im Süden ist das ganz normal. Stört er dich wirklich?
CD I 17
Frau 2: Nein. Rauchen Sie?
Mann: Also, wenn es Sie stört, dann selbstverständlich nicht.
Frau 2: Im Gegenteil, wir wollten grad ne Zigarette rauchen und hatten keine.
Mann: Oh, wenn ich Ihnen eine anbieten darf, ich hoffe, Sie mögen meine Marke.
Frau 1: Ein Mann mit Manieren ist uns immer willkommen. Setzen Sie sich bitte.
Mann: Merci. Dankeschön.
Frau 2: Auf das Angebot mit der Zigarette kommen wir noch zurück. Wenn der Kaffee da ist.
Mann: Merci vielmal. Bitte lassen Sie sich nicht in Ihrem Gespräch stören. Ich sitze nur hier in meinem Eck und lese, bis der Kaffee kommt.
Frau 2: Sie stören uns gar nicht. Sagen Sie mal, was halten Sie denn von Menschen, die so gar kein Benehmen haben?
Mann: In der Schweiz sagen wir Stoffel zu solchen Leuten. Das find ich furchtbar. Ein bisschen Umgangsformen, das gehört schon dazu. Aber wissen Sie, viele junge Damen heutzutage scheinen das auch gar nicht mehr zu wollen.
Frau 1: Wirklich?
Mann: Ja. Bei mir in der Firma werde ich manchmal wirklich blöd angeschaut, wenn ich einer jungen Frau die Türe aufhalte oder sie zuerst in den Aufzug einsteigen lasse. Da komm ich mir manchmal richtig altmodisch vor. Ah, da ist die Bedienung. Ja, darf ich Sie auf einen Capuccino einladen?
Frau 1: Ja, warum nicht.
Frau 2: Klar.
Mann: Drei Cappuccino bitte. Eine Frage: Darf man hier rauchen? Ja, dann bräuchten wir noch einen Aschenbecher bitte. Danke. – Entschuldigen Sie, wo waren wir stehen geblieben?
Frau 2: Beim Türen aufhalten. Was Sie bei uns übrigens jederzeit dürfen, ohne sich altmodisch vorkommen zu müssen.
Mann: Hoffentlich hab ich bald Gelegenheit dazu. Aber im Ernst, manche Frauen empfinden es, hab ich den Eindruck, als aufdringlich, wenn ich ihnen den Vortritt lasse.
Frau 1: Na, aber das kommt noch drauf an. Ich mein, es ist ein Unterschied zwischen reiner Höflichkeit und einem, ah, sagen wir: Flirtversuch.
Mann: Natürlich, man kann es übertreiben.
Frau 1: Ja.
Frau 2: Wenn ein Mann mir zum Beispiel einen Handkuss geben würde, das fände ich schon übertrieben.
Frau 1: Na ja, das kann dir in Wien schon passieren.
Frau 2: Echt? Und was machst du dann?
Frau 1: Na ja, wenn er nicht nett ist, dann dreh ich mich um und geh weg.
Frau 2: Und wenn er nett ist?
Frau 1: Na dann, droh ich ihm eine Ohrfeige an.
Mann: Das ist schon etwas altmodisch, oder, eine Ohrfeige, finden Sie nicht?
Frau 1+2: Nein, warum? Nö, wieso?
CD I 18
Mann: War nur Spaß. Aber es ist schon gut, dass die Umgangsformen etwas lockerer geworden sind. Wenn ich so daran denke, was mein Vater noch unter guten Manieren verstanden hat, meine Güte, das hat schon beim Essen angefangen. Das musste alles ganz genau sein. Wehe die Gabel lag nicht richtig, oha, oder wenn man nicht frisch gekämmt zu Tisch kam, oder mit einem Fleck auf dem Hemd, das war kein Spaß.
Frau 1: Über Tischmanieren haben wir vorhin auch gerade gesprochen.
Frau 2: Allerdings ging es da weniger um Gabeln, als vielmehr um Appetitlichkeit.
Mann: Bei der Gelegenheit: Wissen Sie, ob man hier eine Kleinigkeit essen kann?
Frau 1: Die Mehlspeisen sind gut. Probieren Sie den Kaiserschmarrn.
Mann: Es stört Sie nicht, wenn ich etwas esse?
Frau 2: Übertreiben Sie es nicht, mit der Höflichkeit. Aber ... bevor Sie bestellen, geben Sie mir doch eine Zigarette bitte, sonst muss ich wieder warten, bis Sie mit dem Essen fertig sind.
Mann: Aber mit dem größten Vergnügen. Bitte. Sie auch? Bitte schön. Darf ich Ihnen Feuer geben? Meine Damen, wer hätte gedacht, dass dieser Nachmittag noch so eine wunderbare Wendung nimmt.
Frau 1+2: Oh oh.

Lektion 5

S. 59/5 CD I 19

(P = Patientin, Ps = Psychologe, S = Sprecherin, F = Freud, Sch = Schmidbauer)
P: Heute ist mir nicht nach Reden zumute. Mir fällt nichts ein, was wichtig wäre.
Ps: Wichtig oder unwichtig, darauf kommt es doch gar nicht an.
P: Ich will eben nicht ...
Ps: Möchten Sie darüber sprechen, warum Sie nicht reden möchten?
P: Ich fühle mich nicht wohl. Es ist immer so ein Druck. Immer wollen Sie, dass ich etwas sage ... immer soll ich etwas leisten ... Wollen Sie wirklich wissen, wie es mir geht? Das ist Ihnen doch völlig egal ...
Ps: Weshalb meinen Sie denn, dass ich Ihnen gegenüber kein Interesse habe? Sie sind meine Patientin ...
P: Weil, ... weil Sie mich immer fordern. Dieser Leistungsdruck ... ich muss mich anstrengen, auch wenn ich gar nicht gut drauf bin.
Ps: Sie sind wütend auf mich ... Sie fühlen sich ungeliebt ...

S. 60/P6 CD I 20

S: Eine nachgestellte Szene aus einer psychoanalytischen Sitzung ... Psychoanalyse ...
F: ... ist der Name eines Verfahrens zur Untersuchung seelischer Vorgänge, welche sonst kaum zugänglich sind. ... Die Arbeit, durch welche wir dem Kranken das verdrängte Seelische in ihm zum Bewusstsein bringen ...
S: So weit Sigmund Freud. Zu den Anfängen der Psychoanalyse der Psychoanalytiker Dr. Wolfgang Schmidbauer.
Sch: Ich würde schon sagen, dass man ganz klar sagen kann, dass Sigmund Freud die Psychoanalyse erfunden, entwickelt hat. Vorläufer gab es, aber das waren andere Methoden, also das war vor allem die Hypnose, die eben im ausgehenden 19. Jahrhundert eine große Rolle gespielt hat, die aber – im Gegensatz zur Psychoanalyse – nun nicht daran interessiert ist, wie die Symptome dieser Krankheiten entstehen.
S: Der Psychoanalytiker nimmt den Kampf um die Erinnerung schmerzhafter Kindheitserlebnisse auf. In ihnen vermutet er den Schlüssel zum Verständnis einer gestörten psychischen Entwicklung.
CD I 21
Sch: Man kann vielleicht am besten eine Geschichte erzählen. Also einer von den frühen Fällen Freuds war so, dass eine Frau, die sich in ihren

Schwager verliebt hatte, nach dem Tod ihrer Schwester plötzlich an einer Lähmung erkrankte. Sie konnte nicht mehr gehen. Und diese Lähmung hatte keine organischen Ursachen, man hat also nichts gefunden, was im Nervensystem für so eine Lähmung verantwortlich sein könnte. Und sie ist daraufhin zu dem Freud gegangen, der eben für solche Fälle spezialisiert war in Wien. Und der hat bei so einem aufmerksamen Nachfragen, was denn alles nun zu Beginn des Symptoms in ihr vorgegangen sei, in welcher Lebenssituation sie sei, welche Gefühle sie mit den Menschen in ihrer Umgebung verbinden würde, hat er herausgefunden, dass sie in dem Moment, als ihre Schwester gestorben ist, gedacht hat: Mein Schwager ist jetzt frei, jetzt kann ja ich ihn heiraten, dass sie diesen Gedanken ganz böse und schlimm fand und in diesem Moment dann die Lähmung entwickelt hat und sich dann aber auch nicht mehr daran erinnern konnte, dass sie diesen Gedanken jemals gehabt hat, sondern sie war halt dann gelähmt und hat sich eben die ganze Zeit mit dieser Lähmung beschäftigt.
Wenn jemand aber so verwundbar ist, dass er dann neurotische Symptome bekommt, dann kann das mit der Kindheit zusammenhängen. Dann kann das – so ist die psychoanalytische Neurosentheorie – damit zusammenhängen, dass diese Frau eben schon in der Kindheit unter einem ähnlichen Konflikt, dass sie eben einen verbotenen Mann begehrt hat, gelitten hat und dass der Konflikt, den sie jetzt als Erwachsene hat, an eine schwache Stelle trifft, die eben damit zusammenhängt, dass sie auch als Kind bestimmte Konflikte nicht verarbeiten konnte.

CD I 22

S: Freud fand früh heraus, dass das freie Assoziieren – sozusagen vom Hundertsten ins Tausendste zu kommen – wichtige Hinweise auf die persönliche Geschichte lieferte.
Sch: Die Analyse ist ja ein Versuch, was freizusetzen. Also, es geht ja darum, dass man das Unbewusste dann am besten erkennt, wenn keine Zensur ausgeübt wird, keine Einschränkung. Daher sind ja auch Träume, wo man ja die wildesten Fantasien sozusagen halluziniert, die sind ein guter Zugang zum Unbewussten und die freien Einfälle ebenfalls.
S: Auch wenn Menschen hoch motiviert sind (...) können Sie von ihren Störungen nicht ohne Weiteres lassen. Das heißt, einerseits wollen sie gesund werden, und andererseits wollen sie krank bleiben. Eine paradoxe Situation. Sie setzen dem Therapieverlauf – meist unbewusst – Widerstand entgegen. Was es damit auf sich hat, erklärt Wolfgang Schmidbauer.
Sch: Also, wenn jemand zum Beispiel eine Angst vor einer Prüfung hat, dann kann man, wenn man das Symptom nun genau anschaut, oft erkennen, dass ihm diese Prüfungsangst auch Vorteile bringt. Dass er zum Beispiel, solang er die Prüfung vor sich herschiebt, nicht irgendwelche einschränkenden Entscheidungen treffen muss, welchen Beruf er nun aussucht, dass er, solang er die Prüfung vor sich herschiebt, auch bei seinen Eltern irgendwie bleiben kann, von deren Geld leben kann. Und sich das jetzt einzugestehen, das tut man ja nun nicht irgendeinem Menschen gegenüber.

CD I 23

S: Verständlich auch, dass viele davor zurückschrecken, im Beisein eines anderen die unbekannten Schattenseiten der eigenen Persönlichkeit zu erkunden. Andere fürchten die Allmacht des Analytikers, der sie hilflos auf der Couch liegend ausgeliefert sein könnten ... Die Couch ... ein Überbleibsel aus Freuds frühen Hypnosesitzungen. Wie hält es ein moderner Analytiker mit diesem Relikt?
Sch: Die Couch ist für mich ein Requisit und überhaupt nichts Entscheidendes. Das Entscheidende ist schon dieser Prozess der Befreiung von Einfällen. Das kann man im Gegenübersitzen tun, es ist aber leichter, wenn man sich nicht anschaut, weil im Sich-Anschauen ist ja auch immer so ein Element der Kontrolle.
S: Eine Psychoanalyse ist ein zeit- und damit auch ein kostenintensives Verfahren. Für wen ist es geeignet?
Sch: Die Analyse ist sehr gut für Leute, die sich für sich selbst interessieren, unter dem Aspekt einer Selbsterforschung. (...) Wenn jemand sehr schnell und nur umgrenzt ein Symptom loswerden will, dann ist er unter Umständen mit 'ner Verhaltenstherapie besser bedient. Wenn jemand sich auf so einen Entwicklungsprozess einlassen möchte, dann, denk' ich, ist die Psychoanalyse schon die Methode der Wahl, wobei ich selber es so mache, dass ich sehr viel von Gruppenanalyse halte, gerade für so soziale Probleme, also soziale Ängste ist Gruppentherapie genauso wirksam wie 'ne Einzelanalyse und halt viel weniger aufwendig.

Lektion 6

S. 72/P2 CD I 24

Mein Name ist Birgit Straub. Ich bin, mit einem Partner zusammen, Geschäftsführerin einer mittelständischen Agentur, wir machen hauptsächlich Projekt- und Event-Management, und haben normalerweise 4 bis 5 feste Mitarbeiter und, je nach Projektgröße, haben wir bis zu 140 Personen frei für eine bestimmte Zeit.

CD I 25

Wenn ich jetzt Personal brauche für einen großen Event, dann sind das ja meistens Leute, die also nicht hochqualifiziert sein müssen, sondern die müssen nett sein, die müssen halbwegs anständig ausschauen, also keine Schönheiten, aber ein gewisse Ausstrahlung kann nicht schaden und sie müssen sich für das Projekt begeistern können.
Bei solchen Geschichten gehe ich grundsätzlich über Agenturen, bei denen man sich einfach meldet, als Arbeitnehmer, und sich in eine Kartei eintragen lässt und die Agentur wählt dann vorab aus, welche Personen infrage kommen, und ich mach dann die Endauswahl. Die Endauswahl läuft nach den Kriterien, die das Projekt vorgibt. Also, wesentlich ist, der Mitarbeiter muss das Projekt verstehen.

CD I 26

Auch bei Festanstellungen gehe ich erst mal über private oder geschäftliche Kontakte, weil Kollegen wissen immer, welche guten Leute im Markt gerade frei sind. Wenn das nicht funktioniert, kann man natürlich über Zeitungsanzeigen gehen, und dann kommen, nehmen wir mal an, 200 Bewerbungen. Da ist es natürlich schön, wenn ein Foto dabei ist. Das Foto sollte ziemlich natürlich sein. Der zweite Punkt ist natürlich für uns in unserem Gewerbe auch das Alter, nicht zu alt und nicht zu jung. Eine 20-Jährige hat definitiv weniger Chancen als jemand, der eine gewisse Lebens- und Berufserfahrung hat. Der dritte Punkt ist die Bewerbung, und wirklich erst der dritte: Die Bewerbung muss ordentlich aussehen, die kann sowohl per E-Mail stattfinden, als auch per Post. Es sollte ein Anschreiben dabei sein, in dem sehr kurz und knapp erklärt wird, warum der Bewerber meint, er wäre der richtige Mann oder die richtige Frau für diesen Beruf. Und es sollten vielleicht auch ein wenig in diesem Anschreiben die Hintergründe der Person dargestellt werden. Zwei, drei Sätze von der Geschichte, warum man jetzt an dem Punkt ist, dass man diesen Beruf braucht und haben will. Dann muss natürlich ein tabellarischer Lebenslauf sein, auch kurz und knapp, keine langen Geschichten, und die letzten Zeugnisse.

CD I 27

Dann wird eine Vorauswahl getroffen, bei 50 bleiben dann 10 bis 15 übrig und dann werden die Leute eingeladen. Auch da: Es geht wirklich nach den Kriterien: sympathisch, fähig, engagiert, das ist ganz wichtig. Nicht unbedingt das, was sie vorher getan haben. Eine gewisse Affinität zum Beruf sollte natürlich da sein, das ist klar. Dann werden also diese Personen angerufen, sie kommen zu uns ins Büro, es wird auch erklärt, was wir hier tun, und dann wird hauptsächlich gefragt, was für Vorstellungen die Person von ihrem eventuellen zukünftigen Job hat, beziehungsweise, wo sie in ihrem Leben hinwill. Ganz wichtig. Daran kann man ein bisschen sehen, ob die Entwicklung, die dieser Bewerber machen will oder machen wird, mit unserer konform geht.
Und dazu kommt natürlich noch: Gehalt. Man sollte sich also vorher grundsätzlich informieren: Wie viel wird, mit so und so vielen Berufsjahren in dieser Berufssparte gezahlt.
Man muss auch selber sich überlegen: Was bin ich mir wert, was ist mein Minimum, was brauche ich zum Leben und was brauch ich zum Lebensunterhalt sozusagen, und was ist das Maximum, was ich erwarten kann. Und irgendwo dazwischen wird sich das einpendeln.
Wenn es eine solide Firma ist, oder sagen wir besser, eine seriöse Firma, wird sie immer sagen: Das können wir zahlen, so sind die Zukunftsaussichten, das ist realistisch. Also nicht unter Wert. Die Zeiten sind nicht mehr so schlecht, und anständige Arbeit muss anständig bezahlt werden.

CD I 28
Erst mal nicht aufgeben. Also nicht locker lassen, aber das auf eine charmante Art, das heißt, nehmen wir mal ein Beispiel, man schickt eine Bewerbung, und zwei bis drei Tage später anrufen. Beziehungsweise bei E-Mail Bewerbungen E-Mail schreiben.
Und zwar sehr nett und sehr höflich, also in keinem Fall den Leuten zu nahe treten oder auf die Nerven gehen, weil manchmal haben die Leute ja auch ein paar Tage wirklich ein großes Projekt oder ganz viel zu tun und es geht halt grad nicht. Es ist schon ein gewaltiger Fortschritt, wenn die Bewerber dahin kommen, dass sie persönlich mit der Person reden, bei der sie sich vorstellen müssen. Und dann muss man, wie gesagt, den ganzen Charme einsetzen.
Man muss den zukünftigen Arbeitgeber immer ausreden lassen, egal was er sagt, man muss immer warten, bis man drankommt sozusagen, und ganz genau zuhören und immer das aufnehmen, was der zukünftige Arbeitgeber vorher gesagt hat. Damit anfangen sozusagen, im nächsten Satz, ganz wesentlich. Und dann bekommt man, meistens wenigstens, die Chance, sich vorzustellen. Selbst wenn die Qualifikation nicht stimmt oder etwas anderes nicht stimmt.
Nervend ist halt, wenn man jeden Tag anruft und sagt ja aber, und jetzt hab ich immer noch nichts gehört. Selbst wenn an der Telefonzentrale eine Praktikantin sitzt, wird die, nach vier Anrufen Ihre Telefonnummer in die Mülltonne schmeißen.

Lektion 7

S. 88/P4 CD I 29
In der Bundesrepublik waren sie lange Zeit in der Rechtspraxis kein Thema. Nach Meinung der obersten Gerichte sind sie nicht vereinbar mit der Menschenwürde und dürfen deshalb, zumindest in Strafprozessen, nicht eingesetzt werden. Die Rede ist von Lügendetektoren, sogenannten Polygrafen. Seit zwei bis drei Jahren werden Lügendetektoren allerdings in den Familiengerichten von Richtern und Psychologen immer häufiger zur Wahrheitsfindung herangezogen. Dabei geht es beispielsweise um den Fall eines achtjährigen Jungen geschiedener Eltern, der vor der Mutter behauptete, sein Vater würde ihn misshandeln. Die Mutter verbot daraufhin dem Vater, seinen Sohn zu sehen, und wollte ihm das Umgangsrecht entziehen lassen. Da der Vater ihm im Grunde glaubwürdig schien, kam dem Richter die Idee, die Aussage des Vaters, falls dieser einverstanden war, mit einem Lügendetektor überprüfen zu lassen.
CD I 30
Der Vater akzeptierte. Während ein Ring um den Brustkorb, ein Blutdruckmessgerät am Arm und Elektroden an den Fingern Daten sammelten über Puls, Blutdruck, Hautfeuchtigkeit und Atemfrequenz, antwortete er auf gezielte Fragen zu den Vorwürfen. Es stellte sich laut Datenüberprüfung durch einen Gutachter heraus, dass der Vater die Wahrheit sagte. Inzwischen scheint auch der Kontakt zwischen Vater, Sohn und Mutter wieder besser geworden zu sein.
CD I 31
Obwohl immer mehr Menschen ihre Unschuld gern mithilfe eines solchen Geräts beweisen wollen, gibt es unter den Familienrichtern noch große Meinungsverschiedenheiten und Uneinigkeit. Bei der Frage, ob das Kind von Vater oder Mutter ferngehalten werden soll, geht es aber erst einmal nur um das Wohl des Kindes, und dem ist nur gedient, wenn die Wahrheit ans Licht kommt. Denn dem Kind schadet es auch, wenn es ohne Grund mit nur einem Elternteil aufwachsen muss. Das Problem reduziert sich also vor dem Familienrichter auf die Frage, wie sicher der Lügendetektor arbeitet. Und da gehen die Meinungen auseinander. Dr. Stadler von der Gesellschaft für wissenschaftliche Gerichts- und Rechtspsychologie, die Gutachten auch für die Richter anfertigt, geht von einer Trefferquote von 95 Prozent aus. Ernst zu nehmende Tests scheinen das zu bestätigen.
CD I 32
Andere bezweifeln, dass man Lügendetektoren bei komplizierten emotionalen Problemen innerhalb einer Familie einsetzen kann, vor allem wenn es um Kindesmisshandlung geht.
Der justizinterne Streit wird weitergehen, denn dem Familienrichter steht es frei, den Lügendetektor als verlässliches Hilfsmittel zu akzeptieren und einzusetzen oder nicht. Und jeder hat seine eigene Meinung dazu. Aber diskutiert wird.
Noch verbietet es das Gesetz, den Polygrafen auch im strafrechtlichen Bereich zugunsten des Beschuldigten einzusetzen, wie es zum Beispiel in Amerika selbstverständlich ist. Aber auch wenn in Deutschland der Einsatz von Lügendetektoren in Strafprozessen eines Tages gang und gäbe sein wird, fest steht schon eins: Eine strafrechtliche Verurteilung kann niemals allein darauf gestützt werden, dass ein technisches Gerät den Beschuldigten zum Lügner abstempelt. Der Lügendetektor kann, wenn überhaupt, in allen Verfahren nur mit dem Willen des Beschuldigten und nur zu seinen Gunsten angewendet werden.

Lektion 8

S. 96/1 CD I 33
Sehr verehrte Damen, sehr geehrte Herren,
im Namen des Vorstands der MEDIPURA AG darf ich Sie sehr herzlich begrüßen zu unserer Fachtagung „Präparat X – Neue Horizonte der Pharmazie". Seit Monaten brodelt nun schon die Gerüchteküche um ein neues Medikament aus unserem Hause. „Präparat X – Was verheimlicht Medipura?", „Medipura-Aktien in drei Wochen um 250 Prozent gestiegen", „Medipura mit neuem Produkt vor einem Jahrhunderterfolg?", solche und ähnliche Artikel konnten Sie zuletzt weltweit in den Medien finden. Die Neugier ist also immens, doch unsere Geheimhaltung war besser. Und so sind Sie heute, meine Damen und Herren, die Ersten, denen wir „Präparat X" vorstellen.

S. 96/2 CD I 34
Wie Sie alle wissen, hat die Arzneimittelforschung im vergangenen Jahrzehnt auf vielen Gebieten enorme Fortschritte gemacht. Nur ein Bereich blieb ihrem segensreichen Wirken weiter gänzlich verschlossen: die menschliche Intelligenz. Gegen Dummheit – so klagt das Sprichwort – kämpfen selbst Götter vergebens. Nun, die Götter mögen beruhigt sein: Dieser Spruch wird nur noch ein paar Monate lang Gültigkeit besitzen. Denn dann werden wir die Marktzulassung für unser neues Medikament INTELLISAN haben.
CD I 35
Ich glaube nicht zu viel zu versprechen, wenn ich sage: INTELLISAN wird die Welt verändern. Unsere Testreihen mit Versuchspersonen haben ergeben: INTELLISAN steigert die menschliche Intelligenz schon nach einwöchiger Anwendung um bis zu 40 Prozent! Noch bessere Resultate wurden mit dem höher dosierten INTELLISAN FORTE erzielt. Patienten mit einem IQ von unter 70 waren nach einer Behandlung mit INTELLISAN FORTE in der Lage, Einsteins Relativitätstheorie nachzuvollziehen! Sie merken, ich gerate ins Schwärmen. Aber ich möchte Herrn Professor Häberlin nicht vorgreifen. Als Leiter der zuständigen Forschungsgruppe wird er Ihnen INTELLISAN gleich genauer vorstellen. Zuvor aber noch einige organisatorische Hinweise zum weiteren Ablauf der Veranstaltung. Bitte, Frau Leyendecker!

S. 96/P4 CD I 36
Ja, sehr geehrte Damen und Herren, ich möchte mich gleich mal bei Ihnen entschuldigen. In Ihren Unterlagen ist nämlich eine Zeitangabe falsch. Das Mittagessen wird nicht von 11.30 bis 13 Uhr eingenommen, sondern von 12.30 bis 14 Uhr gleich nebenan im Restaurant „Aristoteles". Sie merken: Unser Organisationsteam hat noch kein INTELLISAN verabreicht bekommen. Jetzt noch kurz ein Hinweis zu den Informationsforen am Nachmittag: Das Forum 1 zum Thema „Intelligenz und unerwünschte Nebenwirkungen" findet ab 14.15 Uhr im kleinen Konferenzsaal in der dritten Etage statt. Wer Forum 2 mit dem Titel „Nobelpreis intravenös?" besuchen möchte, kommt um 14.15 Uhr wieder hierher in die Aula. Das Abendessen wird ab 18 Uhr in Ihrem Hotel serviert. Danach gibt es zwei kulturelle Angebote zur Auswahl: Im Opernhaus können Sie „Die Kluge" von Carl Orff in einer Neuinszenierung von Raoul Schnabel sehen, und in den Kammerspielen erwartet Sie „Viel Lärm um nichts" von William Shakespeare. Bei-

de Veranstaltungen beginnen um 20 Uhr. Sie erreichen sie bequem mit unserem Bus, der Sie um 19.30 Uhr direkt vor dem Hotel abholt.
Ja, zuletzt möchten wir Sie noch um Ihr Verständnis bitten, dass wir aus rechtlichen Gründen derzeit noch kein INTELLISAN an die Öffentlichkeit weitergeben dürfen. Sie können sich aber gerne in diese Liste eintragen. Dann schicken wir Ihnen eine Probe zu, sobald wir von den Behörden grünes Licht bekommen.

S. 97/4a CD I 37–39

Liebe Petra und lieber Richard,
eine Trauung am späten Mittwochvormittag hat unbestreitbar ihre Nachteile. Zum Beispiel, dass so mancher Gast sich extra Urlaub nehmen musste, um zu eurem Fest zu kommen.
Wie ihr seht, konnte das niemand davon abhalten, beim Start in euer gemeinsames Leben dabei zu sein. Wir wünschen euch von ganzem Herzen ein schönes und erfülltes Leben voller gegenseitigem Vertrauen und voller Zuneigung. Ob ihr – liebe Petra und lieber Richard – dies erreichen werdet, das liegt vor allem in eurer Hand. Uns habt ihr jedenfalls durch eure Hochzeit schon etwas sehr Erfreuliches verschafft. Wann kommt man schon mitten in der Woche zu einem leckeren Mittagessen? Na also, wenn das kein guter Anfang ist! In diesem Sinne: Der Worte sind genug gewechselt, lasst uns jetzt endlich Braten sehen! Ein Hoch unserem Brautpaar!

Lektion 9

S. 106/1b CD I 40

Wir befinden uns hier im Dom St. Peter und Maria – der größten gotischen Kirche Deutschlands. Dieses riesige Bauwerk wurde 1248 von Meister Gerard von Köln nach dem Vorbild der Kathedrale von Amiens in Frankreich begonnen. Es ist im Stil der Gotik gehalten, dem bedeutendsten europäischen Baustil des späten Mittelalters. Im Vergleich zu dem vorhergehenden romanischen Baustil wirkt die Gotik leicht, grazil, elegant. Der Bau dieser riesigen Kirche zog sich buchstäblich Jahrhunderte hin. Der Kran auf dem halb vollendeten Südturm gehörte ein halbes Jahrtausend lang zum Stadtbild von Köln. Anfang des 19. Jahrhunderts brach eine Begeisterung für das Mittelalter und für den „deutschen Stil" aus, wofür man die Gotik hielt. 1842 begann man, die fehlenden beiden 156 Meter hohen Türme zu bauen. Mit diesen beiden Türmen wurde der Kölner Dom zum höchsten Bauwerk der Welt jener Zeit. 1880 schließlich konnte das Gebäude fertiggestellt werden. Sehen Sie nun hier diese prächtigen bunten Glasfenster – original aus dem 14. Jahrhundert. Auch die Figuren hier an der Wand und die Holzbänke sind noch original aus dem Mittelalter erhalten. Das wertvollste Stück hier im Innenraum ist der Schrein mit den Überresten der Heiligen Drei Könige. Ein Geschenk Kaiser Barbarossas. Er besteht aus Holz, das mit Gold und Silber überzogen ist ...

CD I 41

Die Epoche Bauhaus war eine der kürzesten in der ansonsten nicht eben epochenarmen Stadt Weimar. Dieser Baustil hatte womöglich mehr Einfluss auf die Weltkultur als die beiden großen Dichter Goethe und Schiller, die etwa 150 Jahre vorher in der kleinen Stadt lebten und arbeiteten. Die Hochhäuser unserer modernen Metropolen – ohne den Einfluss des Architekten Walter Gropius, dem Gründer des Bauhausstils – nicht denkbar. Die schmucklosen Zeilen von Nachkriegsarchitektur in vielen deutschen und europäischen Städten leider auch nicht.
Am 12. April 1919 wurde in Weimar das „Staatliche Bauhaus" gegründet, Gropius wurde zum Leiter dieser Hochschule für bildende Kunst ernannt. Typisch für diesen Stil: Große Glasflächen und -wände, unterbrochen von sichtbaren Stahlträgern. Seine Überzeugung: Jedes Design, egal ob es sich um einen Stuhl, ein Gebäude oder eine ganze Stadt handelt, sollte in derselben Art angegangen werden: Am Anfang steht eine Studie, für welchen Zweck die Sache dienen soll. Zuerst wird die Funktion bestimmt, dann die Form. Ohne Rücksicht auf die Traditionen und Stile der vorhergehenden Epochen setzten die Bauhausarchitekten moderne Materialien und Techniken ein: Beton, Stahl, Glas. Sie arbeiteten – wie heute überall verbreitet – mit vorgefertigten Teilen, die vor Ort zusammengesetzt wurden.

S. 108/2 CD I 42

(Track 42 entspricht den Tracks 44–46, die hier ohne Unterbrechung zu hören sind.)

S. 108/P3 CD I 43

Der weltberühmte österreichische Maler und Grafiker Gustav Klimt gilt als Hauptmeister der Wiener Sezession. Die Sezessionen waren eine neue Form von Künstlerorganisationen, die in der Zeit um die Jahrhundertwende in verschiedenen europäischen Kunstzentren entstanden. Sie opponierten hauptsächlich gegen die Akademien. In Gustav Klimts Werken ist fast ausschließlich die Gestalt der Frau die Trägerin der künstlerischen Botschaft. Dies gilt für seine allegorischen Darstellungen ebenso wie für seine Frauenbildnisse, an denen sich seine künstlerische Entwicklung deutlich ablesen lässt.

CD I 44

Bei den frühen Porträts handelt es sich noch um insgesamt naturalistische Darstellungen. So etwa bei dem Bildnis der Serena Lederer von 1899, das eine Dame in einem langen weißen Kleid vor einem hellen Hintergrund zeigt. Die gesamte Figur ist noch deutlich vom Hintergrund unterschieden; allerdings wird dieser Hintergrund nicht mehr klar definiert, denn man kann im Bild weder die Tiefe des Raumes ermessen, noch findet man Hinweise auf irgendeine Art von Raumgestaltung. Körper und Arme sind plastisch dargestellt, und nirgendwo im Bild erscheinen hier erfundene Strukturen. Nur die zarte Farbigkeit von Kleid und Hintergrund sowie der weiche Pinselstrich beginnen die Konturen der Figur ein wenig aufzulösen.

CD I 45

In späteren Bildnissen, etwa dem der Emilie Flöge von 1902 und noch stärker in dem Bildnis der Adele Bloch-Bauer von 1907, ist dagegen eine zunehmende Ornamentalisierung von Figur und Hintergrund zu beobachten. Hand in Hand damit geht das zunehmende Verschwinden einer klaren Raumbildung. So verschiebt sich im Bildnis „Emilie Flöge" der gemalte Raum zumindest im rechten unteren Bereich des Bildes sonderbar nach vorne, ohne dass man an dieser Stelle eindeutig einen Gegenstand erkennen könnte. Die ornamentale Gestaltung des violett-türkisfarbenen Kleides verwandelt den Körper der Dame in eine dekorativ strukturierte Fläche, wie sie ganz ähnlich auch Kopf und Schulter der Figur hinterfängt. Die Figur wird somit ebenso in die Bildfläche eingebunden wie der gleichermaßen nach vorne und hinten springende Bildgrund.

CD I 46

Im Bildnis der Adele Bloch-Bauer greifen die Gold-Ornamente von Figur und Hintergrund bereits so sehr ineinander über, dass sich keinerlei räumliche Tiefe mehr ausmachen lässt. Die abstrakten Ornamente von Kleid und Hintergrund sind zu einem einzigen mosaikartigen Teppich verwoben, dessen einheitliche Farbigkeit aus verschiedenen Grautönen von dem durchgehend überwiegenden Gold getragen wird. Der ornamentale Teppich besteht aus einer Unzahl kleiner, hart begrenzter, geometrischer und spiraliger Formen. Im Kleid überwiegen abstrahierte Augen und Dreiecke, während im übrigen Umfeld, weniger dicht gesetzt, Spiral- und Bohnenformen ähnlicher Größe das Muster bilden. Nur mit Mühe lässt sich die Schnittlinie zwischen den verschiedenartigen Ornamentflächen noch als Kontur des Frauenkörpers identifizieren.

CD I 47

Durch die zunehmende Ornamentalisierung der Porträts werden die Frauen mehr und mehr entkörperlicht; sie werden sozusagen in den Bildgrund verbannt, aus dem schließlich nur noch Gesicht und Hände naturalistisch hervortreten. Der krasse Gegensatz dieser naturalistischen und der dekorativflächigen Elemente führt zu einer Betonung der dargestellten Körperpartien, die dadurch vom übrigen Körper wie losgelöst erscheinen. Das Ornament, und besonders das Goldornament, verleiht den Porträtierten eine luxuriöse, kostbare Aura, die weit über das Porträthafte hinausgeht. Verstärkt wird dieser Eindruck durch die Darstellung der Damen in einer leichten Untersicht. Der etwas von oben herab auf den Betrachter gerichtete Blick der Porträtierten erzeugt eine gewisse Distanz.

CD I 48

Wie man aus Porträtfotografien weiß, entsprach dieser in den Gemälden vorgetäuschte Status der Damen nicht ihrer wirklichen Erscheinung.

Gustav Klimt zeigte die Damen der Wiener Gesellschaft am Ende der Donaumonarchie als zarte, von einem prachtvoll-irrealen Raum umgebene, distanzierte und würdige Wesen. Die porträtierte Serena Lederer war die Gattin von Klimts Unterstützer und Gönner Erich Lederer. Emilie Flöge war Mitinhaberin des renommierten Wiener Modesalons „Schwestern Flöge", ihre Schwester Helene hatte Gustav Klimts Bruder Ernst geheiratet. Dadurch entstand zwischen beiden [illegible] In Emilie Flöge fand [illegible]nsgefährtin.

S. 114/3 C[illegible]

Astrid: Ja [illegible]er. Ich weiß nicht, wie vi[illegible]r ... ich weiß nicht. Was [illegible]z geschnittene Haare ... [illegible] ... ja ... und ... vielleicht m[illegible]er nicht sicher. Äh ... kurz [illegible]n oder aber sie haben kein Kleid ... h[illegible]att rasiert ... denke ich, ja.

Ja, das ist wirklich ein komisches Bild [illegible] aber die Männer sind sehr dynamisch und sehr kämpferisch oder aktiv [illegible]acht). Sie schreien auch gerade, ja ... dass ... hm ... man merkt, dass sie schreien ... ja und ... vielleicht ... rufen sie etwas.

CD I 50

Peter: Auf dem Bild sehe ich eins, zwei, drei, vier, fünf, sechs, sieben Männer, alle haben relativ lange Haare und tragen einen Bart. Es handelt sich wohl um Soldaten oder Kämpfer. Sie tragen nämlich alle irgendwelche Rüstungen aus Leder oder Metall. Man erkennt Helme, Speere, Schilder und so weiter. Manche tragen Ketten mit Raubtierzähnen um den Hals. Es könnte sich also um Kämpfer aus vergangenen Zeiten handeln. Möglicherweise sollen das Germanen sein. Darauf lassen zumindest die Hörner schließen, die man sieht. Das Bild könnte aus dem vergangenen Jahrhundert stammen. Vielleicht gehört es zu einem Stück von Richard Wagner, ich weiß es nicht. Der hat doch so Opern wie „Götterdämmerung" geschrieben, in denen Germanen vorkommen. In dem Stück geht es sicherlich um Krieg und Kampf. Allerdings sehen die Männer jetzt nicht besonders gefährlich aus. Sie wirken eher albern.

Lektion 10

S. 118/1+3 CD I 51

Ein Gespenst geht um die Welt, überall spürbar, nirgendwo richtig fassbar. Hoffnungsträger für die einen, Schreckgespenst für die anderen. Niemand scheint es kontrollieren zu können, keiner es wirklich zu verstehen, aber alle reden davon: Globalisierung.

Selten hat ein Begriff in so kurzer Zeit eine solche Karriere gemacht wie das Wort Globalisierung. Vor 10 Jahren noch ein Stichwort aus den geheimen Strategieschubladen der transnationalen Konzerne, heute schon Feindbild Nummer eins für Hunderttausende. Für die einen Inbegriff von stetem Wachstum und globalem Wohlstand – für die anderen eine Metapher für soziale Ungleichheit, ökologische Zerstörung, weltweiten Hunger, Arbeitslosigkeit und Abbau von Demokratie.

S. 118/2+3 CD I 52

Auf den Gipfelkonferenzen der Mächtigen hingegen wird von Globalisierung geredet, als handle es sich dabei um den heilige Gral des internationalen Wirtschaftssystems, den man huldigen müsse. Die Parole lautet: Der globalisierte Freihandel ohne Zölle und Restriktionen schafft Wohlstand für alle. Den Weg zum neuen Eldorado soll der freie Markt pflastern, ganz und gar nach dem Motto: Produziere da, wo es am günstigsten ist, und nutze den weltweiten Markt, um deine Produkte mit maximalem Profit zu verkaufen.

Eine weltweite Maschinerie, die von einem einzigen Gedanken angetrieben wird: Wachstum – ihm soll nichts im Wege stehen, denn jeder produziert das, was er am besten kann, jeder vermarktet das, was er hat. Jeder verkauft überallhin.

Die Welt als Marktplatz, als Casino, als Lotterie mit lauter Gewinnern, mehr noch, denn die Protagonisten des freien Welthandels sind sich sicher: Globaler Wohlstand löst Not und Ungleichheit, Wachstum bietet die Basis für Demokratie. Und gleiche Werte im globalen Dorf machen Kriege unnötig.

CD I 53

Das klingt nach dem Paradies auf Erden – bei den einen –; bei den anderen wächst das Misstrauen. Auf den Straßen in aller Welt hat sich mittlerweile eine globalisierungskritische Protestbewegung gebildet, die in der Geschichte ihresgleichen sucht: Ob in Bombay oder Rio, Seattle oder Manila, Nairobi oder Genua, Sydney oder Berlin. Quer durch alle Kulturen, Nationen und sozialen Schichten geht die Angst um vor einem unkontrollierbaren, krakenartigen Monster namens Weltwirtschaft, das sich anschickt, die globale Herrschaft zu ergreifen.

CD I 54

Die traditionelle Machtzentren und ihre Institutionen standen fassungslos vor dieser Welle des Widerstands, der mitten aus der Gesellschaft wuchs. Regierungen und Polizeiapparate reagierten verschreckt und nicht selten brutal. Sie konnten nicht verstehen, was die Menschen ängstigte. War doch das Volumen des Welthandels explodiert, jedes Gut an jedem Ort der Welt verfügbar. Der Lebensstandard gestiegen. Hatte sich doch die Güterproduktion versiebenfacht, waren doch die Exporte um das 50-Fache gestiegen. Und jeder schien zu profitieren. Der globalisierte Mensch konnte per Internet global kommunizieren, trug ein T-Shirt aus China, fuhr ein koreanisches Auto, trank Kaffee aus den Anden. Sein finnisches Mobiltelefon, in Amerika erfunden, in Deutschland konzipiert, wird mit Einzelteilen aus aller Welt in Korea zusammengebaut, international vermarktet und vom gerade günstigsten Netzwerkbetreiber aus England abgerechnet.

CD I 55

Soziologen und Historiker der Zukunft werden sich wohl darüber den Kopf zerbrechen, ob es neben Wirtschaftskrisen und Umweltzerstörung dieser Fundamentalismus einer Wachstumsideologie war, der in den 90er-Jahren eine in ihrem Ausmaß historisch einmalige, weltweite Gegenbewegung provozierte.

Sie setzt sich zusammen aus den großen sozialen Bewegungen der letzten 20 Jahre für Frieden, Umwelt, Emanzipation, Gleichheit zwischen Nord und Süd. Eine Sammlungsbewegung, die viele Namen und Ziele hat, aber sich in einem einig ist: der Ablehnung einer gleichgeschalteten Welt, die von transnationalen Konzernen regiert wird. In Indien heißt sie „living democracy movement", in Europa „ATTAC", in Südamerika ist es die Bewegung der landlosen Bauern. Weltweit trifft man sich seit Jahren auf Weltsozialforen, um gemeinsam nach Lösungen jenseits des „mainstream" zu suchen. Die New York Times hat diese, sich global organisierende Zivilgesellschaft schon als eine neue Weltmacht bezeichnet.

CD I 56

Hinter diesem Phänomen stehen Millionen von Menschen: Paul Ray, ein Freund von mir, hat in den USA den Wertewandel in einer groß angelegten statistischen Arbeit untersucht. Nach rund 100 000 Interviews kam er zu dem Ergebnis, dass in Amerika rund 50 Millionen Menschen bereits völlig andere Werte haben. Er nennt diese Bevölkerungsgruppe die kulturell Kreativen. Man geht davon aus, dass auch hier in Europa 70–80 Millionen Menschen sich ganz anderen Werten verpflichtet fühlen, als die Globalisierung und ihre Protagonisten sie vertreten. Aber sie alle treffen sich im Engagement für soziale Gerechtigkeit, Demokratie, Gleichheit und Fairness, wie auch in der eher inneren Ausrichtung an Werten wie Gemeinschaft, Mitgefühl und Liebe.

S. 127/2 CD I 57

Kommentator: Die Globalisierung, das heißt, der weltumfassende Tausch von Waren, Technologie und Wissen ist keine Erfindung des 21. Jahrhunderts. Die Wanderung von Menschen als Arbeitskräfte hat schon vor etwa 150 Jahren in größerem Stile angefangen. Vorreiter dieser Entwicklung waren jene Europäer – darunter viele aus Deutschland – die sich aus wirtschaftlicher Not heraus in Massen auf den abenteuerlichen Weg über den Atlantik machten auf der Suche nach einem besseren Leben in der „Neuen Welt". Auf den Spuren der Auswanderer von einst folgen jetzt 45 Abenteuerlustige. Sie brechen auf zu einer Zeitreise ins Jahr 1855.

Die „Bremen" - ein 50 Meter langer Dreimaster - soll für drei Wochen ihr Zuhause sein. An Bord herrschen ähnliche Bedingungen wie zur Auswandererzeit. Es gab weder elektrischen Strom noch fließendes Wasser. Der Kurs wurde mit Sextant und Kompass bestimmt. Kapitän Temme und seine Mannschaft wählen die historische Südroute. Ziel: der Hafen von New York. Für Passagiere und Mannschaft der Bremen beginnt ein historisches Abenteuer - bei Windstärke 8.

CD I 58

„Die gute alte Zeit" wieder herbeisehnen - eine verbreitete Sehsucht. Nicht nur in Abenteuerfilmen und Romanen will man sich dahin zurückversetzen. Zahllose Fernsehprojekte greifen diesen Trend auf und lassen Freiwillige „am eigenen Leib" und unter ständiger Beobachtung der Kameras erfahren, wie es sich früher lebte.

Spannend ist dabei vor allem das Unvorhersehbare, sei es aufgrund von Stürmen und Naturgewalten auf hoher See, der auszehrenden und anstrengenden Bewältigung des Alltags und der Nahrungsbeschaffung oder zwischenmenschlicher Konflikte, die in solchen Situationen verstärkt auftreten. Aufwendig inszeniert und filmisch festgehalten werden solche „historischen Reality-Shows", die unter Titeln wie „Der Gutshof" oder „Windstärke 8" firmieren, von großen Fernsehanstalten - nicht nur in Deutschland.

„Die Zeitreise", dokumentiert vom Kamerateam des WDR. Im Oktober ging es los in Bremerhaven, Kleidung, Lebensmittel, Hygiene - alles wie früher auf den Auswandererschiffen. Mit dabei ist auch der Hobbykoch Hans-Peter Aman aus Billerbeck bei Münster, er hat sich für die Kombüse gemeldet.

H.-P. Aman: Ich bin gespannt wie ein Flitzebogen, wie das wird. Ich weiß im Prinzip nicht ganz genau, was für Proviant ich zur Verfügung habe. Und ich weiß nicht ganz genau, wie die Kochmaterialien funktionieren.

Kommentator: Ohne elektrisches Licht, ohne fließendes Wasser, bei stürmischer See, Aman ist eigentlich Arzt. Smutje Piet, wie er sich nun an Bord nennt, bereitet Krautwickel, Erbsensuppe, gepökeltes Fleisch zu, so gut er eben kann. Viele Zeitreisende haben an Bord Gewicht verloren. Anlegen - jetzt endlich. Die meisten hier sind erschöpft und froh, die Fahrt ins Unbekannte überstanden zu haben. Es wartet noch der strenge amerikanische Zoll - noch darf niemand an Land. Dass das Leben an Bord anno 1850 so beschwerlich war - auch für Smutje Piet eine neue Erfahrung.

H.-P. Aman: Das Schrecklichste war die Enge, die physikalischen Eigenschaften der Kombüse. Die waren katastrophal! Ich war am Anfang ganz alleine als Koch, da hab ich 18 Stunden gearbeitet, am Tag. Das war nicht auszuhalten!

Kommentator: Dritte Woche - die Bremen kämpft sich durch die Biskaya. Kapitän Temme steuert unter höchster Anspannung. Die Biskaya - eine von Schiffsbesatzungen gefürchtete See. Mit Orkanstärke bläst hier regelmäßig der Wind. Hunderte von Auswanderern und Matrosen verloren damals bei Stürmen ihr Leben. Die bis zu acht Meter hohen Wellen können einem kleinen Dreimaster wie der „Bremen" in Sekundenschnelle zum Verhängnis werden.

Der Neigungsmesser unter Deck zeigt 15 Grad. Nur die ganz Mutigen unter den Passagieren trauen sich bei diesem Wetter an Deck. Andere kämpfen mit der Seekrankheit. Frank und Andree liegen schon seit Tagen in ihren Kojen. Vor 150 Jahren war das Kraut von Ingwerwurzeln das einzige Mittel gegen die Seekrankheit. Etliche Auswanderer nahmen sich mit einem verzweifelten Sprung in die Fluten das Leben.

CD I 59

Wie fühlt man sich, wenn alles vorbei ist, wenn man die Strapazen überstanden hat, aber auch gemeinsam mit anderen etwas Außergewöhnliches und Schwieriges geschafft hat. Und wie erging es den Angehörigen, die zu Hause geblieben waren, viele Tage warteten und sich wohl auch manchmal um ihre Lieben sorgten?

Endlich angekommen in der Freiheit - 69 Tage brauchte der altertümliche Dreimaster bis nach New York, 69 Tage lang fuhren mehr als 30 Menschen der neuen Welt entgegen, unter Umständen wie Auswanderer vor 150 Jahren. Heute kehren sie zurück in die Zivilisation. Am Pier 17 im Osthafen von Manhattan warten die Angehörigen. Mehr als zwei Monate lang hörten sie so gut wie nichts von ihren Familien.

Angehörige 1: Ich war etwas enttäuscht, dass es drei Wochen länger dauerte als ursprünglich geplant. Aber jetzt bin ich unheimlich gespannt auf diesen Moment.

Angehöriger: Ich wusste eigentlich, dass es meinem Sohn da sehr sehr gut geht, weil er begeisterter Segler ist, und ich hab' täglich eben die Nachrichten auf der Internetseite verfolgt. Und hab' eigentlich gedacht, dass er einfach 'ne ganz tolle Erlebnisreise mitmacht und da viel erlebt und viel für sein Leben mitbekommt.

Angehörige 2: Ich werd' mich erst mal tierisch freuen, dass ich sie jetzt endlich mal wieder sehe, es sind ja jetzt fast zwei Monate, wenn mich nicht alles täuscht, oder über zwei Monate sogar.

Kommentator: Sie trotzten Wind und Wetter, ganz normale Menschen. Stolz sind sie jetzt, den abenteuerlichen Weg über den Atlantik geschafft zu haben. Aber Heimweh hatten wohl alle.

H.-P. Aman: Ich werd meine Frau gleich in die Arme nehmen und hier endlich mein Heimweh wieder beseitigen.

Lösungen Kursbuch

Lektion 1 – Aus aller Welt

Lesen 1

S. 11/3 Heirat: Vermischtes; Lachen: Wissenschaft/Vermischtes; Haustiere: Vermischtes; Schulschwänzer: Vermischtes/Polizeibericht; Wenn es schneit: Vermischtes/Wirtschaft

S. 11/4 b) Ottawa: Leben der ältesten Frau der Welt; c) Wien: interessante Marketing-Idee; d) Hamburg: Lachen schützt vor Krankheit; e) Barcelona: Streit um Hund, Urteil nach Ehescheidung; f) London: Taschendiebstähle, Autoaufbrüche; g) Barcelona: Gerichtsentscheidung zum Hund

S. 11/GR5 a + b) (Hamburg) Indikativ: ist gesund, haben ... ergeben, ist, soll gesucht werden, machen; Konjunktiv: nehme zu, lockerten sich, schütte ... aus, baue ... ab

(Ottawa) Indikativ: ist, mitteilte, sagte, meinte, bringt ... um, lebte; Konjunktiv: sei ... entschlafen, sei ... gewesen

(London) Indikativ: sind ... verantwortlich, berichtet; Konjunktiv: werde ... verübt, weise aus, schreiben könnten, habe Schwierigkeiten

(Wien) Indikativ: verspricht, schneit, kann ... kosten, bestätigte, einkaufen, erhalten ... zurück, schneit; Konjunktiv: habe sich ... versichern lassen

(Barcelona) Indikativ: gibt, lehnte ... ab, ausführen wollte, war ... zugesprochen worden, zog, verlangte ... sehen zu dürfen, sprach ... zu, revidierte, gestellt werden darf

(Neu-Delhi) Indikativ: hat sich ... verliebt ... geheiratet, verstehen können, kommunizieren, sagte, erschien, wurde ... vertreten, kommen ... vor, wird; Konjunktiv: habe ... wehgetan

c) Redewiedergabe

d) Konjunktiv II: schreiben könnten (Z. 43); Wenn die Form des Konjunktivs I identisch ist mit dem Indikativ, benutzt man normalerweise den Konjunktiv II.

Wortschatz

S. 12/1 a + b) (Ottawa): meinte; (London): berichtet, weise aus; (Wien): bestätigte c) Es handelt sich um Verben, die oft eine indirekte Rede einleiten. Sie benennen die Quelle oder Person, von der die nachfolgenden Informationen stammen.

S. 12/GR2 a) Nach Aussage des Neurologen (Z. 10 f.); Wie ... mitteilte (Z. 19 f.); sagte ihre Tochter (Z. 24); Sie meinte immer (Z. 25); Dies berichtet der „Guardian" (Z. 34 f.); unter Berufung auf (Z. 35 f.); die Statistik ... weise aus (Z. 39 f.)

b) (von oben nach unten) Bericht; mitteilen; Erklärung; bestätigen; Meldung

c) (Lösungsbeispiele) Laut einem Bericht des „Guardian" unter Berufung auf ... sind Kinder ... verantwortlich. Wie der „Guardian" unter Berufung auf ... berichtet, sind Kinder ... verantwortlich. / Laut einer Mitteilung der 78-jährigen Tochter Olive Therrien ist ... gestorben. / Wie die 78-jährige Tochter Olive Therrien mitteilte, ist ... gestorben. Der Erklärung des Veranstalters der Tagung zufolge gehe dies aus mehreren Studien ... hervor. / Wie der Veranstalter der Tagung erklärte, gehe dies aus mehreren Studien ... hervor. Nach Bestätigung eines Unternehmenssprechers kann der Werbegag ... kosten. Wie der Unternehmenssprecher bestätigte, kann der Werbegag ... kosten. / Der Meldung eines Polizeisprechers zufolge sei es plötzlich nachtschwarz geworden. Wie ein Polizeisprecher mitteilte, sei es plötzlich nachtschwarz geworden.

S. 12/3 a) das Interview: aufgezeichnetes Gespräch zwischen ...; der Kommentar: gibt die Meinung eines Journalisten wieder ...; die Glosse: kommentiert in ironischer und polemischer Weise; die Kritik: fasst den Inhalt zusammen und resümiert das Urteil ...; die Meldung/Nachricht: informiert knapp über ...; die Reportage: berichtet breit und ausführlich ...

b) informiert: Information; wird ... verbreitet: Verbreitung; berichtet: Bericht; ist ... angereichert: Anreicherung; aufgezeichnetes: Aufzeichnung; gibt ... wieder: Wiedergabe; fasst ... zusammen: Zusammenfassung; resümiert: Resümee; kommentiert: Kommentar

Lesen 2

S. 14/1 1) Text A: –; Text B: In Österreich Bestand derzeit circa 30 Bären; Text C: –; Text D: 20 bis 30 frei lebende Bären in Österreich

2) Text A: –; Text B: –; Text C: „Schlaubär", „Braunbär Bruno Superstar", Solidaritäts-T-shirts; Text D: Bestürzung und scharfe Kritik am Abschuss von Bruno, „tief traurig"

3) Text A: –; Text B: mehrjähriges Projekt zur Ansiedlung von Bären in Österreich; Text C: –; Text D: „Auf internationaler Ebene kämpfe man für den Schutz bedrohter Tierarten (...)"

4) Text A: –; Text B: –; Text C: Seit Wochen führt Braunbär „JJ1" , von einigen auch „Bruno" genannt, Behörden und Verfolger an der Nase herum ...; Text D: nach zwei Wochen intensiver Fangbemühungen

5) Text A: „die Bärin sei samt ihrem Jungen (...) von Hubschraubern aus erlegt worden"; Text B: –; Text C: –; Text D: „Bruno war von drei Jägern (...) gezielt erlegt worden", „hat mit einem einzigen ... Schuss erlegt"

S. 15/3 – Dativ

Hören

S. 17/2 a + b) Das Leben der Anderen: eher ernst: Drama über den DDR-Terror; Die weiße Massai: eher ernst, exotisches Melodrama; Der Totmacher: eher ernst: Psychogramm eines Serien-Mörders; Der Blick des Odysseus: eher ernst: kunstvoller Film über den Balkan

S. 17/3 Das Leben der Anderen: ZDF ; 22.30 Uhr; Ost-Berlin; sehr positiv; Der Blick des Odysseus: ZDF; 0.15 Uhr; Griechenland, Albanien, Bulgarien, Rumänien, Jugoslawien; sehr positiv; Die weiße Massai: ARD; 22.15 Uhr; Kenia; teils positiv/teils negativ; Der Totmacher: ARD; 20.15 Uhr; Hannover; teils positiv/teils negativ

S. 17/4 a) Merkmale der Fernsehtipps: Angaben; unpersönliche Ausdrucksweise

b) weitere Merkmale: Angaben zu Regisseuren und Schauspielern; Beschreibung der künstlerischen Qualität des Films; Beurteilung des Films; Aufforderungen, den Film anzuschauen.

Lektion 2 – Finanzen

Wortschatz

S. 20/2 Bekleidung und Schuhe 110,– €; Bildungswesen 10,– €; Freizeit, Unterhaltung und Kultur 246,– €; Gesundheitspflege 62,– €; Haushaltsausstattung 155,– €; Nahrungsmittel und alkoholfreie Getränke 237,- €; Nachrichtenübermittlung 49,– €; Wohnen und Energie 579,– €; Unterkunft, Verpflegung auf Reisen 105,– €; Verkehr 370,– €; alkoholische Getränke und Zigaretten 38,– €; andere Waren und Dienstleistungen 80,– €; Rest 540,– €

Schreiben 1

S. 21/P1 Schritt 3; 1-d; 2-a; 3-a; 4-a; 5-b/c; 6 -b; 7-d; 8-a/e

Hören 1

S. 22/2 1 Überziehungungskredit; 2 Sparbuch; 3 elektronisches Kleingeld/Geldkarte; 4 Dauerauftrag; 5 Onlinebanking; 6 EC-Karte; 7 Einzugsermächtigung

Lesen 1

S. 23/2 b) Neue Publikation erklärt den Trend c) Einkaufen wird immer komplizierter d) Mehr Vorteile für die Banken e) Kosten und Mitarbeiter werden eingespart f) Konsequenz: Verlust von Arbeitsplätzen g) Das Ende der Privatheit

S. 24/3 Vorteile für den Kunden: Wegersparnis, Kostenersparnis; Vorteile für die Unternehmen: spart Geld für Ausstellungsräume, erleichtert die Arbeit, spart Personal; Nachteile für den Kunden: braucht Zeit, Kompetenz, Technik, hat ein Risiko, z.B: bei Onlinebanking, verliert Privatheit; Nachteile für die Unternehmen: –

S. 24/GR4 a) Wie praktisch das für beide Seiten auch zu sein scheint, „Teilnahme am Konsum setzt immer mehr voraus"(...); Wenn diese Entwicklung auch noch so gewinnbringend für alle Seiten aussieht, muss der

Unternehmenssprecher dennoch bestätigen (...). Für den Verbraucher bringt diese Art des Bezahlens aber nicht nur Vorteile, es sei denn, dass die Kreditinstitute auch das Haftungsrisiko übernehmen (...); Die Summe, die die Bahn jährlich einspart, (...) scheint zu beeindruckend, als dass er sie hier beziffern würde.

S. 24/GR4 b) Falls die Kreditinstitute nicht auch das Haftungsrisiko übernehmen, bringt diese Art des Bezahlens für den Verbraucher nicht nur Vorteile; Obwohl das für beide Seiten praktisch zu sein scheint, setzt „Teilnahme am Konsum immer mehr voraus", (...); Die Entwicklung sieht zwar gewinnbringend für beide Seiten aus, aber der Unternehmenssprecher muss bestätigen: (...); Die Summe, die die Bahn jährlich einspart, (...) scheint zu beeindruckend, um sie hier zu beziffern.

Hören 2

S. 25/P2 b) 50 Euro, bei CD und Büchern 10 Euro; c) als Paket versendbar, maximal 175 cm lang und 30 kg schwer; d) Foto- und Filmkameras + Modelleisenbahn; e) vor dem Verkauf: macht professionelle Bilder und stellt sie ins Netz; nach dem Verkauf: verpackt und verschickt die Ware; f) 10 Euro + 30% vom Verkaufspreis bis 1000 Euro Verkaufspreis oder ab 1000 Euro +20 % vom Verkaufspreis, bei Medienartikeln 45% Provision; g) wieder abgeholt; h) bis 18.00 Uhr; i) Nordbad

S. 25/4 a) eigentlich, (aber) doch b) ja, (ruhig) mal, eben, c) doch

Lesen 2

S. 27/3 b) Häuser, Wohnungen, Apartments, Wohngemeinschafts- und Untermietszimmer; c) eine Übernachtung; d) zwischen 25 und 150 % einer Monatsmiete; e) die Anbieter bzw. der Markt; f) Untermieterlaubnis und Versicherungsschutz; g) Mietpreis, Nebenkosten, Versicherung, Telefonkosten, evtl. Pflege der Grünpflanzen u. a.

S. 27/GR5 a+ b) additiv: nicht nur – sondern auch (Z. 49 f.); negativ: weder – noch (Z. 96); alternativ: entweder – oder (Z. 83); adversativ: zwar – aber (Z. 127 ff.); komparativ: je – desto (Z. 84 ff.)

S. 27/GR6 a) Vera fühlt sich nicht nur in der Wohnung wohl, sondern hat auch schon nette Nachbarn kennengelernt. b) Sie kann entweder ein Zimmer mieten oder auch die ganze Wohnung nehmen. c) Je länger sie in der Wohnung bleibt, desto billiger werden die Kosten pro Monat. d) Sie fährt entweder mit dem Bus ins Büro oder sie nimmt die U-Bahn. e) Vera findet das Leben in der Großstadt zwar anstrengend, aber auch sehr spannend.

Schreiben

S. 28/2 (1) Sehr geehrte/Liebe (3) Lage (4) auszugehen (5) gestört (6) Vermieter (7) Aufgabe (8) Erfahrung (9) empfehlen (10) Grüße/Grüsse (CH)

Lektion 3 – Literatur

Sprechen 1

S. 32/1 2 – Textsorte; 3 – Zusätzliches Material; 4 – Thema; 5 – Sprecher; 6 – Spieldauer; 7 – Preis; 8 – Sprachliche Vorkenntnisse; 9 – Quelle; 10 – Inhalt

S. 32/2 1, 7, 9, 2, 4, 10, 8, 3, 1, 8 oder 5

Lesen

S. 33/2 a) Die Großmutter wird als gute Hausfrau beschrieben.

b) Sie lebte in einfachen Verhältnissen, „ohne Magd" und mit „recht kärglichen Mitteln".

c) Zur Familie gehören nach dem Tod ihres Mannes zwei Töchter, drei Söhne und einige Enkelkinder.

d) Zwei Töchter leben in Amerika, zwei Söhne sind aus der Heimatstadt weggezogen, der jüngste Sohn lebt noch in derselben Stadt wie seine Mutter.

S. 33/4 a) Ein Sohn bot ihr an, in seinem Haus zu leben, der jüngste Sohn wollte mit seiner Familie zu ihr ins Haus ziehen, aber die Greisin wollte allein in ihrem Haus bleiben.

b) durch die Briefe des Buchdruckers an seinen Vater und durch das, was der Vater bei einem Besuch der Großmutter und bei ihrem Begräbnis über sie erfahren hatte.

c) Der Buchdrucker hatte eine schlechte Gesundheit und lebte in einfachen Verhältnissen, sodass er sich für seine große Familie keine entsprechende Wohnung leisten konnte.

d) Der Buchdrucker erwartet, dass seine Mutter – wie es sich wohl nach seiner Meinung für eine Mutter gehört – auf die Bedürfnisse seiner Familie eingeht. (Da er mit seiner Familie eher beengt lebt, möchte er in das recht große Haus der Mutter ziehen, das diese allein bewohnt.) Aber die Greisin „enttäuscht" ihren Sohn. Überhaupt hat sie scheinbar kein großes Interesse an ihm: „Aber die Greisin hielt überhaupt nur eine lose Verbindung mit ihm aufrecht." (Z. 44 ff.); „Sie besuchte ihren Sohn ein- oder zweimal im Vierteljahr ..." (Z. 48 ff.)

S. 34/6 a) Sie geht ins Kino.

b) Das Verhalten der Großmutter ist nicht respektabel. Sie geht allein ins Kino und verschwendet ihr Geld (Z. 64–71).

c) Sie besucht häufig einen Flickschuster in seiner Werkstatt und trifft bei ihm auch andere Leute wie stellungslose Kellnerinnen und Handwerksburschen. Ihren Sohn, den Buchdrucker, trifft sie seltener.

d) Die Großmutter unternimmt Dinge, die ihrem Alter und ihrer bisherigen Lebensweise nicht entsprechen (Kino, Gasthofbesuche), sie verkehrt mit Leuten, die nicht zu ihrer gesellschaftlichen Schicht gehören (der Flickschuster und die Leute in seiner Werkstatt).

e) Ob sie wohl verrückt geworden ist?

S. 35/7 a) Die Großmutter ist wie immer gastfreundlich, ihre Wohnung ist sauber, sie sieht gesund aus. Sie möchte aber das Grab ihres Mannes nicht besuchen und ist am Wohlergehen ihrer Familie nur mäßig interessiert. Sie lädt ihren Sohn nicht ein, bei ihr zu wohnen.

b) Sie macht Ausflüge und geht zum Pferderennen. Sie trifft sich regelmäßig mit einem geistig leicht behinderten Mädchen, dem sie einen Hut kauft. Außerdem trinkt sie regelmäßig Rotwein.

c) Vater des Erzählers: Er findet die Großmutter „ganz munter" (Z. 133) und lehnt es ab, sie von einem Arzt untersuchen zu lassen (Z. 151 f.). Buchdrucker: Der Buchdrucker ist beunruhigt über das Verhalten seiner Mutter. „Der Buchdrucker war jetzt durch und durch alarmiert. Er wollte ..." (Z. 148–150). Er hält das Verhalten der Großmutter für „unwürdig" (Z. 167 f.).

d) Der Buchdrucker, weil seine Mutter ihr Geld für ein fremdes Mädchen und eigene Vergnügungen ausgibt, und nicht für ihre Familie.

S. 36/8 a) Das Leben der Großmutter ist durch den Tod ihres Mannes in zwei Lebensabschnitte geteilt worden. b) das erste Leben: als Tochter, als Frau, als Mutter; bis zum Tode ihres Ehemannes; Arbeit in der Familie; wenig soziale Kontakte / das zweite Leben: als unabhängige Frau; seit dem Tode ihres Ehemannes; Kino- und Gasthofbesuche, Ausflüge; verschiedene soziale Kontakte

S. 37/10 ... dass sie zwar ein Mensch von kleiner Statur, aber von großzügigem Charakter war.

S. 37/11 Das erste Leben der Großmutter war ein Leben in Abhängigkeit und im Dienst ihrer Familie, quasi „in Knechtschaft", das zweite Leben ein Leben nach ihrem eigenen Willen, „in Freiheit".

S. 37/12 die kleinbürgerliche Moral

Schreiben

S. 38/2 a) Folgende Gründe sprechen dafür/dagegen, ...; Außerdem darf man nicht vergessen, dass ...; Andererseits muss man aber bedenken, dass ...; Abschließend kann man also festhalten, ...

b) Lieber Hans; Hallo, Freunde; emotional; polemisch; So, das war's

Wortschatz

S. 39/1 ausgelassen – bedrückt; individualistisch – konformistisch; melancholisch – fröhlich; oberflächlich – tiefgründig; obrigkeitshörig – aufmüpfig; sorgfältig – nachlässig; sparsam – freigebig

S. 39/GR2 desinteressiert; inkompetent; unkompliziert; temperamentlos; würdelos; unwürdig; geschmacklos; unhöflich; irrational; unreligiös; missvergnügt; unverständlich; vorurteilsfrei

S. 39/GR3 (Lösungsbeispiele) Alle kleinen Kinder sind frech. Die meisten beliebten Schauspieler sind eingebildet. Einige bekannte Politiker sind unnahbar. Wenige junge Männer sind beleibt. Die wenigsten reichen Leute sind draufgängerisch. Zahlreiche ältere Menschen sind traditionsverbunden. Keine schöne Frau ist eitel.

Hören

S. 41/2 b) mit einem Haifisch; c) ein gefährlicher Verbrecher; d) von den Taten Mackies
S. 41/3 a) 2) liest; 3) Leute um, geht um; 4) am Strand, nennt; 5) reiche Mann, beweisen kann; 6) in der Brust, nichts gewußt; 7) Sonnenlicht, es nicht; 8) ein Greis, nichts weiß; 9) jeder weiß, dein Preis
b) Die Wörter reimen sich.

Lektion 4 – Der gute Ton

Hören

S. 44/1 in einem Straßencafé;
S. 44/2 a) über Menschen, die sich „daneben" benommen haben; b) dass sie ein unterschiedliches Sprechtempo, Tonfall, Akzent haben; c) Frau 1: selbstbewusst; Frau 2: schnippisch; Mann: charmant, zuvorkommend d) Frau 1 aus Österreich, Frau 2 aus Deutschland, Mann aus der Schweiz
S. 44/3 unpassende Kleidung; unterschiedliche Erwartungen Frauen, Männer; Klage über angetrunkene Nachbarn;
S. 44/4 a) hat unappetitlich gegessen und geschlürft und sie eingeladen, ohne Geld dabeizuhaben; b) dass er so unappetitlich gegessen hat; c) ließ ihr die Haustür vor der Nase zufallen, tritt seine Zigarettenkippen im Treppenhaus aus und stellt sein Fahrrad im Keller mitten in den Weg, grüßt nicht; d) dass man sich zu jemandem an den Tisch setzt; e) ob Frauen höfliches Verhalten, wie z. B. Türe aufhalten oder zuerst in den Aufzug einsteigen lassen, altmodisch finden; f) ein Flirtversuch; g) ein Handkuss; h) sie dreht sich um und geht weg oder droht ihm eine Ohrfeige an; i) die Gabel musste richtig daliegen, man musste frisch gekämmt zu Tisch kommen, nie z. B. mit einem Fleck auf dem Hemd; k) den Damen eine Zigarette und Feuer gibt und ihnen ein Kompliment macht

Lesen 1

S. 45/2 keine Zuordnung: 12, 17; Kommunikation: 7, 9, 11, 13, 18, 19, 20, 21, 22, 24, 28; Tischsitten: 2, 3, 5, 8, 14, 15, 16, 23, 27; Grüßen/Vorstellen: 4, 10, 26; Einladungen: 1, 6, 25
S. 46/3 Nr. 21, 25, 28

Schreiben 2

S. 48/2 a + b) Dank: ... danke ich Ihnen noch einmal sehr herzlich. Entschuldigung: Es tut mir sehr leid, dass ...; Mitteilung: Leider habe ich ... nicht mehr; Aufforderung/Bitte: Wären Sie so freundlich, ...?
S. 48/3 b) auf vorangestellte Nebensätze und Partizipalkonstruktionen verzichten; c) Sie-Stil statt Wir-Stil; d) Aktiv statt Passiv; e) höfliche Bitte; f) freundliche Grußformel

Sprechen

S. 49/1a a formell; b intim; c sehr formell
S. 49/3 du – nah, vertraut, intim – Abiturienten, Arbeiter(partei), Bauarbeiter, Internet, Lehrlinge, Schwiegereltern, Sportverein, Studenten; Sie – distanziert, förmlich, respektvoll – Internet, neue Kollegen, Vorgesetzte

Lesen 2

S. 51/3 positiv: Musik: die bedeutendsten Kompositionen; Höflichkeit: in der Stadt, Besuch im Büro, bei einem Essen; Pünktlichkeit: Termin um 10.30
negativ: Service: Verkäufer, Banksystem; Höflichkeit: Autofahrer, Verkäufer
S. 52/P5 Käsesorten; Maler; Selbstzufriedenheit; warnt ... davor
S. 52/6 Die Rede und das Reden werden mehrmals explizit angesprochen: „Zuhörer" (Z. 1); „Rede" (Z. 2); „worüber ich diesmal reden werde" (Z. 7 f.); „über Dinge zu sprechen" (Z. 14); „möchte ich hier die Gelegenheit ergreifen und sagen" (Z. 77 f.). Diese Formulierungen würde man in einem schriftsprachlichen Text nicht finden.
S. 52/GR7 a + b) als Pronomen: ... wie die Deutsche Bundesbahn es gerne hätte (Z. 95f.); man könnte es auch als unflexibel bezeichnen (Z. 100); aber es spart doch eine Menge Zeit (Z. 101) – als Bestandteil eines Verbs / verbalen Ausdrucks: ... dass es mir leichter fällt, über Dinge zu sprechen ... (Z. 13f.); Es gibt auch eine Menge ... (Z. 33f.); Wie aber kommt es, dass ... (Z. 83); Es gibt eine Verschwörung ... (Z. 112f.) – als zweite Nominativergänzung des Verbs *sein*: Es ist wohl diese Fähigkeit ... (Z. 45f.) – als Repräsentant für einen Nebensatz oder Infinitivsatz:... und es ist auch wahr, dass ... (Z. 28); Es ist schwierig, etwas Negatives ... zu sagen (Z. 75f.); Im Grunde verblüfft es mich, dass ... (Z. 88))
S. 52/GR8 a) *es* ersetzt ein Wort oder einen Ausdruck; b) siehe KB S. 54/1b; c) Diese Fähigkeit, mit Komplexität umzugehen und ..., ist es wohl, ... d) Dass ein Fremder ... über alles schätzt, findet das Land der Dichter und Denker vielleicht enttäuschend; Dass das deutsche Essen ... ist, ist auch wahr; Etwas Negatives zu sagen ist schwierig; Dass die Raserei nicht ... verankert ist, verblüfft mich im Grunde. – *es* fällt weg.

Wortschatz

S. 53/1 a) sich austauschen: diskutieren, sich unterhalten; über Belangloses sprechen: plaudern, labern, schwafeln, quatschen, schwätzen, plappern; laut/leise sprechen: flüstern, brüllen, kreischen, wispern, schreien, grölen, rufen; Kritik äußern: schimpfen, nörgeln, meckern
b) umgangssprachlich: labern, schwafeln, quatschen, meckern, grölen, (süddeutsch: schwätzen)
S. 53/2 ein Fußballspiel kommentieren; von einem Ereignis berichten/sprechen; mit einem Freund reden/sprechen; eine Neuigkeit mitteilen/erzählen; die Wahrheit sagen; eine Sprache sprechen
S. 53/3 a) ... redet um den heißen Brei herum. c) ... redet wie ein Wasserfall. d) ... das Wort im Mund umgedreht. e) ... nicht auf den Mund gefallen. f) Reden ist Silber, Schweigen ist Gold. g) ... redet, wie ihr der Schnabel gewachsen ist.

Lektion 5 – Psychologie

Lesen 1

S. 57/2 2 innere/seelische/psychische; 3 Körpers/Rückens; 4 seelisches/psychisches; 5 Stress/Druck; 6 Muskeln/Stellen; 7 Erkrankung/Krankheit; 8 körperliche/physische; 9 Probleme/Ursachen; 10 Heilung/Gesundung
S. 57/3 a) *miss-* Bedeutung von „falsch ..."; *ent-* Bedeutung von „weggenommen ..."; *zer-* Bedeutung von „kaputt" ...; b) alle negativ konnotiert; c) siehe AB S. 52 Nr. 3; d) missverstehen – entwenden – zerstören – zerfallen/entfallen – zerkratzen – missachten

Lesen 2

S. 58/1 (Humanistisches) Gymnasium; Medizin; Wien und Paris; Privatdozent, Professor; Paris, Amerika, London; Jean-Martin Charcot, Albert Einstein
S. 58/GR2 a + b) Genitiv bei Eigennamen: Freuds Familie, Pariser Erfahrung, Freuds späte Werke, „Anschluss" Österreichs
Genitiv bei Nomen mit bestimmtem Artikel: dem Eindruck dieser Pariser Erfahrung, Fragen der Menschheit, Psychopathologie des Alltagslebens, Jahr seiner viel zu späten Ernennung, Schöpfer der Psychoanalyse
Genitiv bei Nomen mit unbestimmtem Artikel: Reihe bedeutender Schriften

Hören

S. 59/3 a) Die Couch ist die Original-Couch von Freud. b) Der Patient soll reden, während der Therapeut vor allem zuhört. c) Moderne Formen der Therapie sind Gesprächs-, Gruppen-, Paar- und Familienarbeit, Rollenspiele, Entspannungs- und Körperübungen.
S. 59/5 a) Ein Psychotherapeut mit einer Patientin. b) Um eine Therapiesitzung c) Darüber, warum die Patientin an diesem Tag nicht reden möchte d) Die Patientin ist aufgeregt / unter Druck; der Psychotherapeut bleibt ganz ruhig.
S. 60/P6 Abschnitt 1) Er hat diese Lehre begründet / erfunden / entwickelt. Abschnitt 2) den Freud behandelt hat. / Sie konnte sich nicht mehr richtig bewegen. / In verbotenen Wünschen, die sie nicht akzeptieren konnte. Abschnitt 3) Auf wichtige Dinge, von denen eine Person selber nichts weiß. / Dass Patienten sich nicht leicht von ihren Störungen trennen. Abschnitt 4) Weil er seine Patienten nicht kontrollieren will. / die sich selbst erforschen wollen.

Wortschatz

S. 61/1 a) der Geist: 1 das denkende Bewusstsein des Menschen ...; das Herz: 1 Organ, das den Blutkreislauf antreibt und in Gang hält ...; der Verstand: Fähigkeit, zu verstehen, Begriffe zu bilden, Schlüsse zu ziehen ...
S. 61/2 a) Bild links: ein Herz und eine Seele sein; Bild rechts: sich die Seele aus dem Leib schreien
b) ein Herz und eine Seele sein: unzertrennlich, sich einig sein; eine Seele von einem Menschen sein: ein sehr gütiger, verständnisvoller Mensch sein; jemandem aus der Seele sprechen: genau das aussprechen, was der andere auch empfindet; jemandem die Seele aus dem Leib fragen: unbedingt alles Mögliche wissen wollen; sich die Seele aus dem Leib schreien: mit großer Lautstärke rufen; sich etwas von der Seele reden: über etwas, was einen bedrückt, reden und sich dadurch abreagieren

Lesen 3

S. 62/2 B) 2; C) 4; D) 10; F) 7; G) 3; H) 9; I) 8; J) 5

Sprechen

S. 63/2 Kulturtante: sucht nach den schönen Dingen ..., Schreibtisch D; Hochstapler: verschiebt ..., Schreibtisch C; Messie: fängt vieles an ..., Schreibtisch B

Lektion 6 – Karriere

Lesen 1

S. 69/2 a) Die Berufschancen von Frauen sind gut, wenn Frauen eine sehr gute Berufsausbildung haben, genauso leistungsbereit sind wie Männer und sich nicht von anerzogenen Zweifeln irritieren lassen.
S. 71/P4 1) Text 1: gut: Frauen sind das Führungspotenzial der Zukunft; Text 2: –; Text 3: nicht gut, da es an qualifizierten Teilzeitstellen fehlt; Text 4: nicht gut: Mädchen haben die besseren Perspektiven, es gibt eine Jungenkatastrophe
2) Text 1: Mädchen schließen mit besseren Noten ab als Jungen; Text 2: –; Text 3: –; Text 4: Jungen sind in der Schule weniger erfolgreich, brauchen dringend mehr Förderung
3) Text 1: Löhne und Gehälter sind längst noch nicht gleich, Frauen verdienen im Durchschnitt 26% weniger als gleich qualifizierte Männer, Frauen landen auf schlechter bezahlten Stellen; Text 2: –; Text 3: –; Text 4: –
4) Text 1: Frauen haben bessere Chancen etwas zu werden, als jemals zuvor. Das heißt allerdings nicht, dass sie es leicht hätten – so leicht wie die Männer; Text 2: Frauenanteil sinkt, je höherqualifiziert die Stelle ist; Frauen fehlt das Karriere-Gen; Text 3: erst in 940 Jahren wird dies erreicht sein; Text 4: –
5) Text 1: Es herrscht das Vorurteil, Frauen seien wegen Schwangerschaften ein Investitionsrisiko; Text 2: Mit Kindern hätte Frau Nüsselin wahrscheinlich keinen Nobelpreis erreicht; Text 3: –; Text 4: –
6) Text 1: –; Text 2: –; Text 3: –; Text 4: Viele Jungen wachsen ohne Vater auf – männliche Identifikationsfiguren fehlen
7) Text 1: –; Text 2: –; Text 3: In 940 Jahren; Text 4: –
S. 71/GR6 a) Wenn man ihnen irgendwo begegnet, ... (Z. 10); „Es ist für Männer immer noch furchtbar, wenn Frauen aufsteigen." (Z. 49 f.); ... dass Frauen wegen der möglichen Schwangerschaften ein höheres „Investitionsrisiko" seien. (Z. 64 ff.)
b) Konnektor + Nebensatz werden durch Präposition + Nomen (+ Attribute) ersetzt.
c) in Fach-/Sachtexten

Hören

S. 72/P2 Abschnitt 1: 4–5 feste und bis zu 140 freie Mitarbeiter;
Abschnitt 2: wichtig: Sympathie, Interesse am Projekt, Aussehen; weniger wichtig: Qualifikation
Abschnitt 3: Punkt 1 – Foto; Punkt 2 – Lebens- und Berufserfahrung; Punkt 3 – Aussehen der Bewerbungsunterlagen
Zu den Bewerbungsunterlagen gehören: 2. Anschreiben 3. tabellarischer Lebenslauf 4. letzte Zeugnisse
Abschnitt 4: 10–15 Personen; ob sie sympathisch, fähig und engagiert sind; Thema Gehalt: das wird zwischen der Firma und dem Mitarbeiter ausgehandelt
Abschnitt 5: 2–3 Tage nach Abschicken der Bewerbung die Firma anrufen oder eine Mail schicken; man sollte den zukünftigen Arbeitgeber immer ausreden lassen, aufnehmen, was er gesagt hat, versuchen, sich vorzustellen; Charme muss eingesetzt werden; man sollte auf keinen Fall jeden Tag anrufen und nachfragen

Wortschatz

S. 73/2 Michael K. hat höhere Abzüge; die andere Hälfte der Versicherungen finanziert der Arbeitgeber
S. 73/3 Kirchensteuer: Kinder besuchen einen konfessionellen Kindergarten (...); Krankenversicherung: Krankenhausaufenthalt nach einem Unfall oder schwerer Erkrankung + Man muss zum Arzt. Die Rechnungen schickt der Arzt an eine Kasse; Lohnsteuer: Gehälter von Lehrern und andere Ausgaben für Schulen, Universitäten, Krankenhäuser etc. + Menschen in finanzieller Not, die nicht allein für sich Sorgen können und deshalb Sozialhilfe erhalten; Pflegeversicherung: Alte und Kranke werden zu Hause von einem Dienst oder in einem Heim versorgt; Rentenversicherung: Der Ehepartner und/oder minderjährige Kinder bekommen nach dem Tod des Verwandten monatlich Geld für den Lebensunterhalt + monatliche Zahlung nach Ausscheiden aus der Berufstätigkeit; Solidaritätszuschlag: Zuschüsse zum wirtschaftlichen Aufbau in Ostdeutschland;
S. 74/4 1) deutlich 2) Allerdings 3) Vielmehr 4) zumeist 5) je nachdem 6) lediglich 7) sogar 8) respektive

Lesen 2

S. 75–76/2 1 B; 2 D; 3 A; 4 D; 5 B; 6 C; 7 B; 8 C; 9 C; 10 D

Schreiben

S. 77/Schritt 4 Inhalt; Textaufbau; Stil; Korrektheit

Lektion 7 – Kriminalität

Lesen 1

S. 80/2 a) Hehlerei: der Erzähler verkauft gestohlene Ware weiter; die Diebe, denen er die gestohlene Ware abkauft; dass das Diebesgut immer unhandlicher und damit unverkäuflich wird; evtl. ein Zeitungsreporter oder ein möglicher Kunde
b) Juwelen, Silberbesteck, Whirlpool, Sportjacht
S. 80/3 gesprochene Sprache; Beispiele: Wissen Sie, ... (Z. 1); Schauen Sie, ... (Z. 2 f.); ehrlich wahr! (Z. 4); ... mal 'ne ...(Z. 6); ... gell (Z. 9); ... was? Haha! Nicht erschrecken! War nur'n kleiner Witz! (Z. 11 f.); ... also nee! (Z. 19); ... werfen Sie mal'n Blick auf'n Hof raus. (Z. 23 f.); Sag ich: Nee, jetzt reicht's, ... (Z. 29); Na ja, ... (Z. 34)

Wortschatz

S. 81/1 a) 1 das Motiv: die Eifersucht, die Geldprobleme, die Rache
2 die Tat, das Delikt: der Diebstahl, der Einbruch, die Erpressung, die Geiselnahme, die Körperverletzung, der Mord, der Überfall
3 die Ermittlung und die Festnahme: der Verdächtige, das Verhör, die Vernehmung
4 das Gerichtsverfahren, der Prozess: der Angeklagte, das Geständnis, der Richter, der Staatsanwalt, der Verteidiger
5 das Urteil und die Strafe: zur Bewährung, der Freispruch, das Gefängnis, die Geldbuße, die Haft
b) den Täter fassen/stellen; eine Strafe verbüßen; eine Straftat, ein Verbrechen begehen; einen Prozess gegen jemanden führen; ein Geständnis ablegen; ein Plädoyer für den Angeklagten halten; ein Urteil sprechen/fällen; gegen Tatverdächtige ermitteln: vor Gericht stehen; Zeugen vernehmen; zur Bewährung aussetzen

S. 81/2 a) links hinten: die Staatsanwältin; links vorne: die Zeugin; in der Mitte oben: die Richterin; zweiter von rechts: der Angeklagte; rechts: der Verteidiger
b) 1: Staatsanwalt; 2: Zeuge; 3: Angeklagter; 4: Verteidiger; 5: Richter

Lesen 2

S. 82/1 Strafmündigkeit: das Alter, ab dem man für seine Straftaten verantwortlich gemacht werden kann
S. 83/3 a) positiv: Edith Bothur, Jenny und Inga; negativ: Heinz Hilgers, Hans-Dieter Schwind
b) Heinz Hilgers: keine geschlossene Unterbringung bei Straffälligkeit; sie ist pädagogisch sinnlos und verschlimmert die Situation der Kinder
Jenny und Inga: Senkung des Strafmündigkeitsalters; viele Jugendliche begehen schon im Alter unter 14 schwere Straftaten und müssen dafür zur Verantwortung gezogen werden.
Hans-Dieter Schwind: Das geltende Strafmündigkeitsalter von 14 ist aus entwicklungspsychologischen Gründen angemessen.
S. 83/GR4 Delikte begehen; in Schwierigkeiten geraten; Diebstähle begehen; zur Verantwortung ziehen; Aufsehen erregen; in Betracht ziehen; Akzeptanz finden; einen Kompromiss schließen;
S. 83/GR5 Wenn Jugendliche plötzlich in Schwierigkeiten geraten, kann es passieren, dass sie Straftaten begehen. Die Gesellschaft zieht sie für ihre Taten zur Verantwortung, auch wenn sie damit nur Aufmerksamkeit erregen wollen. Manchmal wird den Jugendlichen dann das Angebot unterbreitet, die Angelegenheit durch eine Wiedergutmachungsleistung oder Entschuldigung zu beenden. Für viele Menschen kommt jedoch nur eine wirkliche Bestrafung jugendlicher Täter infrage.

Lesen 3

S. 87/3 1 verboten; 2 Alltag; 3 notwendig/hilfreich/nützlich/wichtig o.Ä.; 4 nicht; 5 die Kontrolle; 6 positive/nützliche; 7 Intelligenz; 8 Stress; 9 Polygraf/Lügendetektor; 10 Erregung

Hören

S. 88/1 a) Moral: Lügen lohnt sich nicht. Die Wahrheit kommt sowieso meistens schnell ans Licht, und wenn man zu oft gelogen hat, glaubt einem niemand mehr.
S. 88/3 a) Deutsche Juristen beurteilen Lügendetektoren eher skeptisch. Das Gerät ist zur Rechtsfindung verboten.
b) Dagobert Lindlau glaubt, dass man Lügendetektoren dazu benutzen kann, einen fälschlich Verdächtigen schon früh von dem Verdacht zu befreien. Das kommt vor allem unterprivilegierten Verdächtigen zugute und spart der Polizei Zeit und Arbeit.
S. 89/P4 a) In einem Fall von Kindesmisshandlung. b) Er schlug vor, einen angeklagten Vater von einem Lügendetektor testen zu lassen. c) Die getestete Person beantwortet Fragen; dabei werden Körperreaktionen gemessen und ausgewertet. d) Dass der Vater die Wahrheit gesagt hatte. e) Sie sind unterschiedlicher Meinung. f) 95% der Ergebnisse sind richtig. g) Auf die Entscheidung eines Familienrichters hin. h) Dass das Ergebnis eines Lügendetektors der einzige Beweis vor Gericht ist.

Lektion 8 – Wissenschaft

S. 91/2 1 Informationstechnik, 2 Transport, 3 Kommunikation, 4 Medizin, 5 Unterhaltung, Freizeit, 6 Energieversorgung, 7 Medizin

Lesen 1

S. 92/1 Gottlieb Daimler und Wilhelm Maybach 1885: „Standuhr", Viertaktmotor, Auto; Reinhold Burger und Carl von Linde 1903: Thermoskanne; Melitta Bentz 1908: Kaffeefilter; Ottomar von Meyenburg 1907: Zahncreme; Konrad Zuse 1941: Computer / programmierbarer Rechner / Z1; Jürgen Dethloff und Helmut Gröttrup 1977: Mikroprozessor, Chipkarte

S. 93/GR2 a) *aus:* bestehen aus, wegdenken aus; *mit:* angereichert mit, auszeichnen mit, sich beschäftigen mit, beginnen mit (2x), versiegeln mit, ausstatten mit, sich begnügen mit; *nach:* die Suche nach, der Ruf nach; *von:* betreiben von; *vor:* Schutz vor; *für:* verantwortlich für; außerdem: streiten über, abfüllen in, sich befinden in, setzen auf, Hilfestellung bei, befindlich unter
b) sich erweisen als; streiten über

Wortschatz

S. 95/2 a) Architektur, Betriebswirtschaft, Biologie/Psychologie/Theologie/Zoologie, Chemie, Elektrotechnik, Informatik, Jura, Kunstgeschichte, Maschinenbau, Literaturwissenschaft, Mathematik, Medizin, Pharmazie, Philosophie, Physik
b) Naturwissenschaften: z. B. Biologie, Zoologie, Chemie;
Gesellschaftswissenschaften: z. B. Psychologie, Jura, Betriebswirtschaft;
Geisteswissenschaften: z. B. Philosophie, Theologie, Kunstgeschichte, Literaturwissenschaft
Ingenieurwissenschaften: z. B: Elekrotechnik, Informatik, Maschinenbau
S. 95/3 a) (Lösungsbeispiele) Der Arzt schließt die Untersuchung ab. Die Wissenschaftlerin analysiert ein Medikament. Der Arzt behandelt den Patienten. Die Forscherin führt einen Versuch durch. Der Wissenschaftler macht einen Test. Die Ärztin bekämpft die Krankheit. Der Forscher dokumentiert die Studie. Der Arzt heilt eine Patientin. Die Forscherin lässt ihre Erfindung patentieren. Der Wissenschaftler untersucht einen Fall. Die Ärztin verabreicht dem Patienten ein Medikament.

Hören

S. 96/1 a) um eine Tagung eines Pharmakonzerns c) Der Redner sagt, dass die „Gerüchteküche brodelt", d. h. viele Leute interessieren sich für das neue Medikament und sprechen darüber. Außerdem zitiert er Schlagzeilen von Artikeln, die das Medikament zum Thema haben.
S. 96/2 a) Dummheit; Götter b) Der Redner bezieht dieses Sprichwort auf die menschliche Intelligenz. c) Intellisan; d) Das Medikament steigert die Intelligenz. e) ... mit einem Ausblick auf den nächsten Redebeitrag
S. 96/P4 Mittagessen: 12.30–14.00 im Restaurant „Aristoteles"; Forum 1: ab 14.15 im kleinen Konferenzsaal; Forum 2: ab 14.15; Abendessen: ab 18.00 im Hotel; „Die Kluge": 20.00 im Opernhaus; „Viel Lärm um nichts": 20.00 in den Kammerspielen; Busabfahrt: 19.30 vor dem Hotel

Sprechen 1

S. 97/4 a) 2) normal; gut; 3) schnell; zu stark, hektisch

Lesen 2

S. 99/3 1891: Das Unternehmen beschäftigt bereits 90 hauptberufliche Chemiker und erwirbt nördlich von Köln eine Fabrikanlage. (Z. 67 ff.); 10. Oktober 1897: Der Chemiker Felix Hoffmann entwickelt in den Bayer-Labors erstmals Aspirin. (Z. 2 ff.); 1898: Auf einem Kongress vor deutschen Ärzten und Naturwissenschaftlern stellt Bayer-Arzneichef Dreser Heroin als neues Mittel gegen Husten vor. (Z. 11 ff.); 1899: Aspirin kommt auf den deutschen Markt. (Z. 31 ff.); heute: Jedes Jahr werden weltweit 40 000 Tonnen Aspirin verkauft. (Z. 37 f.)
S. 100/P4 ... Entdeckung/Entwicklung des Aspirins (Z. 2 f.); ... wurde am 10. Oktober 1897 entwickelt (Z. 2 f.); ... hatten aus Versehen einem Patienten das Medikament gegen sein Fieber gegeben (Z. 54 ff.); ... wirkte ausgezeichnet (Z. 57 f.); ... der Chef der Firma Bayer aus Giftmüll auf dem Fabrikhof das Medikament herstellen (Z. 64 ff.); ... sein Mitarbeiter, Felix Hoffmann, machte es zu einem chemisch präzise definierten, exakt dosierten und maschinell produzierten Wirkstoff (Z. 87 ff.); ... als Mittel gegen Kopfschmerzen auf den Markt (Z. 34); ... setzt man es auch zur Vorbeugung gegen Herzinfarkt, bei Magen- und Darmkrebs ein (Z. 47 f.)
S. 100/5 a) der Rang: Das Mittel, das dem Aspirin den Rang ablief, ... (Z. 10); der Rahmen: Es ist eine Medikamentengeschichte, die allein schon dadurch aus dem Rahmen fällt, dass ... (Z. 39 ff.); der Zufall: Der Zufall wollte es, dass ... (Z. 54 f.); die Wende: ... eine Wende in der modernen Heilkunde einleitete. (Z. 82 ff.); der Wurf: Dabei war Hoffmann nicht der geniale Erfinder, dem der größte Wurf gelang, sondern ... (Z. 91 ff.); der Er-

folg: Bayer hatte einen Erfolg gelandet. (Z. 102 f.); der Schrecken: Kopfschmerzen und Fieber hatten für viele Kranke ihren Schrecken verloren. (Z. 106 ff.)
b) einer Sache den Rang ablaufen: eine Sache übertrumpfen/noch besser sein als diese Sache; aus dem Rahmen fallen: ungewöhnlich/außerordentlich sein; der Zufall wollte es: es ist zufällig passiert/zufälligerweise; eine Wende einleiten: eine Veränderung bewirken/verursachen; jemandem gelingt ein großer Wurf: jemandem gelingt eine Sache sehr gut; einen Erfolg landen: Erfolg haben; seinen Schrecken verlieren: nicht mehr Schrecken erregend/schrecklich sein
S. 100/GR6 (Lösungsbeispiele; von oben nach unten) an seinem Arbeitsplatz (Z. 80 f.); an die Stelle (Z. 84); auf einem Kongress (Z. 11); auf den Markt (Z. 17); aus dem Giftmüll (Z. 64 f.); durch eine Verwechslung (Z. 56); im Januar (Z. 31 f.); in den Labors (Z. 4); nach seiner Entwicklung (Z. 43); seit ein paar Jahren (Z. 44); unter abenteuerlichen Bedingungen (Z. 70); vor deutschen Ärzten (Z. 11 f.); zur Pharmaindustrie (Z. 66)

Sprechen 2

S. 101/1 Leihmutterschaft ist in Deutschland verboten
S. 101/2 Retortenbaby – Ein Baby wird ...; Gentechnisch erzeugte Medikamente – Wirkstoffe ...; Klonen – Ein genetisch ...; Leihmutterschaft – Eine Frau ...; Organtransplantation – Ein Teil ...
S. 101/5 1 – B, 2 – E, 3 – D, 4 – A, 5 – C

Lektion 9 – Kunst

Lesen 1

S. 105/3 b) Details aus Klimts Leben: schottete sich ab; ließ nur wenige Besucher ein; um ihn herum waren immer viele weibliche Modelle; heiratete nicht, hatte aber mehrere Kinder von verschiedenen Frauen
S. 105/GR4 a) ... wie der Fotograf Moritz Nähr: Vergleichssatz nach dem Nomen; Malmaterial: Kompositum; ... die ... einen Eindruck ... verschafft: Relativsatz; ... einem der alten, verborgenen Gärten: Apposition im gleichen Fall; ... von hohen Bäumen umschattet: Partizipialsatz; ... niedriges mehrfenstriges: mehrere Adjektive; bis an die Fersen reichenden: erweiterte Partizipien in Adjektivfunktion
b) Relativsatz: Makart, der sein Atelier der Öffentlichkeit zugänglich gemacht hatte (Z. 31 f.); zu denen, die in die Josefstädterstraße kamen (Z. 37); Söhne, die Klimt zu Lebzeiten anerkannt hat (Z. 39 f.); Gemälde ..., das eine unbekleidete schwangere Frau zeigt (Z. 49 f.); Modelle ..., die darauf warten mussten, ob der Maler sie zeichnen wollte (Z. 53 ff.); Frauenwesen ..., die, ..., in seiner Werkstatt auf und nieder wandelten, sich rekelten, faulenzten und in den Tag hinein blühten (Z. 58 ff.); eine Stellung, eine Bewegung ..., die in Form einer raschen Zeichnung festzuhalten, seinen Schönheitssinn reizte (Z. 63 ff.);
präpositionale Angabe nach dem Nomen: Skizzen und Figurenstudien von Akt-Modellen (Z. 36); Erbansprüche von verschiedenen Frauen (Z. 43 f.); Zeichnungen von Schwangeren (Z. 47 f.); Situation in Klimts Atelier (Z. 57);
Kompositum: Familienmitglieder (Z. 34); Figurenstudien (Z. 36); Akt-Modellen (Z. 36); Lebzeiten (Z. 40); Filmregisseur (Z. 39 f.); Erbansprüche (Z. 43 f.); Schriftsteller (Z. 55 f.); Zeitschrift (Z. 56); Frauenwesen (Z. 58 f.); Werkstatt (Z. 60); Schönheitssinn (Z. 65 f.);
mehrere Adjektive: eine unbekleidete schwangere Frau (Z. 49 f.)
S. 105/5 a) Er ließ nur wenige Besucher, wie/darunter Familienangehörige und auch Modelle, / zu denen Familienangehörige und auch Modelle gehörten, in sein Atelier.
b) Im Atelier war Klimt von geheimnisvoll umherwandelnden Frauen umgeben. / von Frauen umgeben, die geheimnisvoll umherwandelten.
c) Er stand stumm, die Frauen betrachtend, vor der Staffelei. Er betrachtete, stumm vor der Staffelei stehend, die Frauen.

Wortschatz

S. 106/1 a) Barock, 1700; Bauhaus = das moderne Wohnhaus, 1923; Jugendstil = die Wiener U-Bahn-Station, 1900; Klassizismus = das Gebäude mit den Säulen, 1820; Postmoderne, 1990; Renaissance, 1500; b) der Kölner Dom, das Bauhaus-Haus

Hören

S. 108/2 (von links nach rechts) Emilie Flöge; Adele Bloch-Bauer; Serena Lederer
S. 108/3 b) Frauen; c) naturalistisch; d) Figur hebt sich deutlich vom Hintergrund ab; e) zunehmende Ornamentalisierung von Figur und Hintergrund; f) ornamentale Gestaltung des Kleides; g) Goldornamente von Figur und Hintergrund gehen ineinander über; h) Kleid: abstrahierte Augen und Dreiecke; Hintergrund: Spiral-und Bohnenformen; i) treten naturalistisch hervor; j) von oben herab; k) Sie war die Gattin von Klimts Unterstützer und Gönner Erich Lederer; l) Sie war Mitinhaberin des renommierten Wiener Modesalons „Schwestern Flöge“ und Lebensgefährtin von Klimt.

Lesen 2

S. 111/3 a) 1, 2, 4, 5; b) Reihenfolge: 2, 1, 4, 5
S. 111/4 Kandidat 1: Eve von Kleist / Medea; Stimme zittert
Kandidat 15: 22-jährige Slawistikstudentin aus Erlangen; schwarzes Haar, schwarze Augen, weiche Stimme; Szene aus „Die Präsidentinnen“; hat Persönlichkeit; hat Gipsfuß
Kandidat 68: junger Mann aus Deutschland; zu dem Begriff „Landkarte“ eine Szene mit Stimmungsumschwung improvisieren; zu übertrieben und extrem
Kandidat 31: 20-jährige Wienerin, kraftvolle, liebenswerte Erscheinung; Julia von Shakespeare; selbstbewusst
Kandidat 53: kleiner, drahtiger junger Mann aus Berlin; Fragen zu sich selbst und zum Theater beantworten
S. 111/P5 (2) Jury; (3) vorsprechen; (4) fällt durch; (5) Talent; (6) Ausbildung; (7) ausdenken; (8) bewegen; (9) erschöpft; (10) Enttäuschung

Sprechen

S. 114/GR4 a) Es könnten Germanen sein. Es dürften Männer sein, die auf einen Kampf warten. Das Stück muss nicht unbedingt gewalttätig sein. Er mag sein Bild ernst gemeint haben, doch heute wirkt es befremdend
b) (Lösungsbeispiele) Die Männer auf dem Bild dürften gymnastische Übungen machen. Es könnte aber auch sein, dass sie ... Die Sache dürfte ihnen keinen Spaß machen. Die dargestellte Situation könnte ein Trainingslager sein. Es könnte/mag sich aber auch um einen modernen Managerkurs handeln. Das Stück kann die aggressive Haltung der Männer nicht verherrlichen, dazu wirken sie in ihrer Unterwäsche mit Straßenschuhen zu lächerlich.

Lektion 10 – Globalisierung

Hören 1

S. 118/2 2) Argumente der Befürworter 3) Entstehung des weltweiten Protestes; 4) Auswirkungen der Globalisierung auf den Alltag; 5) Die aus verschiedenen Gruppen zusammengesetzte Protestbewegung; 6) Entstehung neuer Werte
S. 118/3 Abschnitt 1: positiv: stetes Wachstum, globaler Wohlstand; negativ: Metapher für soziale Ungerechtigkeit, ökologische Zerstörung, weltweiten Hunger, Arbeitslosigkeit, Abbau von Demokratie
Abschnitt 2: Globalisierung schafft Wohlstand für alle; Produziert wird da, wo es am günstigsten ist; Jeder produziert das, was er am besten kann; Wachstum bietet die Basis für Demokratie; Kriege werden unnötig
Abschnitt 3: vor einem unkontrollierbaren, krakenartigen Monster namens Weltwirtschaft, das die globale Herrschaft ergreifen will
Abschnitt 4: der Lebensstandard ist gestiegen; die Güterproduktion hat sich versiebenfacht; die Exporte sind um das 50-Fache gestiegen
Abschnitt 5: sie lehnen die gleichgeschaltete Welt ab, die von transnationalen Konzernen regiert wird; Auf den Welt-Sozialforen sucht man nach Lösungen jenseits des „Mainstreams“
Abschnitt 6: soziale Gerechtigkeit, Demokratie, Gleichheit, Fairness, Werte wie Gemeinschaft, Mitgefühl, Liebe.

Sprechen

S. 119/1 b) Voraussetzungen für die Globalisierung c) Folgen der Globalisierung

S. 119/2 a) positive Folgen: internationale Arbeitsteilung; Transportkosten sinken; Direktinvestitionen: Steigerung der Produktion; Welthandel wächst: Massenwaren werden preiswert; Mobilität der Menschen
negative Folgen: Zunahme des Verkehrs; Verlagerung der Arbeitsplätze; Verstärkung der Umweltbelastung; Vergrößerung der Risiken durch globale Produkte; Ausweitung der Kluft zwischen Arm und Reich; Kinderarbeit, Drogenhandel, Terrorismus (Zuordnung diskutierbar: McWorld: internationaler Lifestyle)

Lesen 1

S. 120/3 Stephan: Oberbayern, Utrecht, Deutschland; Marion: München oder Kroatien, München, Kroatien und München; Goeffrey: Perth, Deutschland, Australien

Lesen 2

S. 121/3 Eine Analyse über die psychologischen Folgen der Globalisierung für den Menschen

S. 122/4 2) Heute geht es um persönliche Leistung; 3) Unverwechselbare Orte: vom Gasthaus zu McDonald's; 4) Vom Reinbeker zum Europäer – vom lokalen zum globalen Menschen; 5) Die „heimatlose Generation"; 6) Moderne Singles – Freunde als Kompensation

S. 124/GR6 a) Jeder will als Individuum behandelt werden; Als Kind will man von der Familie beschützt werden; Unverwechselbare Dinge sollen erhalten bleiben; Die Heimat als Ort soll wiederhergestellt werden.
b) Passivsätze bildet man mit *wollen*, wenn das Subjekt des Verbs *wollen* dem Objekt des Passivsatzes entspricht. Passivsätze bildet man mit *sollen*, wenn das Subjekt des Verbs *wollen* im Passivsatz nicht mehr erscheint.
c) Man will neuartige Bündnisse schließen. Andere Identifikationsmöglichkeiten sollen geschaffen werden. Durch regionale Küche und Denkmalpflege will man ein Stück Heimat wiederbeleben.

S. 124/GR7 a) eine Aufgabe, die gelöst werden muss; ein Bestandteil der Kultur, der kaum verdrängt werden kann; Korrekturen, die angebracht werden müssen
b) aus Zwängen zu befreiende Menschen; eine ernst zu nehmende Gefahr; ein völlig autonom zu gestaltendes Leben

Wortschatz

S. 125/2 Lösungsvorschläge: international verwendet: Chef, Emotion, normal, Team, Push-up(-Generation), Chancen, Job; ableitbar: topqualifiziert, Potenzial, Idee, Attitüde, prophezeien, typisch, Qualität, Flexibilität, Kompromiss, Kreativität, Privileg, powern, Abiturient, Prozent, Absolvent, postulieren, Magazin, Parlamentarier, Chance, Elite, privat, Präsident, Konkurrenz, Absolvent, Kommilitone, Universität, Institut, Argument, Investition, Risiko

S. 125/3b Gemeinschaftsverband = Gemeinschaft von Menschen, die miteinander verbunden sind; Singlegesellschaft = eine Gesellschaft, in der eine große Zahl von Singles lebt; traditionsgeprägt = geprägt von (der) Tradition

S. 125/3c Arbeitsbelastung, Arbeitskosten, Arbeitswelt, Drogenhandel, Drogenkonsum, Gütertransport, Hoffnungsträger, Kinderarbeit, Kostenbelastung, Konsumgüter, Konsumwelt, Massenbewegung, Massenkonsum, Protestbewegung, Transportgüter, Umweltbewegung, Umweltkosten, Welthandel

S. 125/4 Bewahrenswertes – bewahren / wert; Vereinheitlichung – ver- / die Einheit / -lich / -ung; Wiederherstellung – wieder / herstellen / -ung

Hören 2

S. 127/2 a) Globalisierung, Auswanderern, b) 19. c) Abenteuerlustige d) Dreimaster (Segelboot), New York e) sehr beschwerlich (o. Ä.), fließendes Wasser oder elektrisches Licht f) starke Stürme (Orkane) und hohe Wellen während der Überfahrt g) Reality h) Er ist Koch i) der Enge der Kombüse, seekrank j) in die Zivilisation; Person 1: war enttäuscht, dass es länger dauerte, ist gespannt; Person 2: freut sich für den Sohn über die Erlebnisreise, hat alles über das Internet verfolgt; Person 3: freut sich sehr, die Angehörigen endlich wiederzusehen k) Sie hatten Heimweh, sind aber stolz, es geschafft zu haben.

Lernfortschrittstests

em neu Abschlusskurs bietet im Anhang für neun von zehn Lektionen einen Text an, der den Lernerfolg bei den verschiedenen Fertigkeiten, besonders aber Grammatik und Wortschatz prüft. Am Ende von Lektion 10 können die Teilnehmenden ihren Leistungsstand mit dem Übungstest zum Goethe-Zertifikat C1 umfassend überprüfen.

Die Tests sollen nicht mehr als 45 Minuten in Anspruch nehmen. Sie beziehen sich jeweils auf den thematischen Unterrichtsstoff der behandelten Lektion. Eine Punkteskala gibt den Teilnehmenden eine Rückmeldung über ihren Leistungsstand. Die Erfahrung zeigt, dass (besonders jüngere) Teilnehmende sich der Testsituation stellen wollen, um Feedback zu erhalten.

Mithilfe von Tests lassen sich die Lernfortschritte, aber auch eventuelle Unsicherheiten bei den Teilnehmenden in Bezug auf den Lernstoff feststellen. Für die Kursleitung kann das generelle Misslingen einer Aufgabe auch ein Indikator dafür sein, dass hier allgemein Wiederholungsbedarf besteht.

Wie oft und wann getestet wird, liegt im Ermessen der Kursleitung. Die vorliegenden Tests können auch als „Steinbruch" für selbst zusammengestellte Aufgaben dienen. Beispielsweise können Themen *zweier* Lektionen in *einem* Test zusammengefasst werden. Nehmen Sie bei der Notenverteilung von selbst entworfenen Tests folgendes Schema als Ausgangspunkt:

Prozent	Note
100 – 90 %	sehr gut
89 – 80 %	gut
79 – 60 %	befriedigend
59 – 50 %	ausreichend
unter 50 %	nicht bestanden

Zur Durchführung bieten sich zwei Modelle an: Entweder der Test wird in der Unterrichtszeit durchgeführt oder die Teilnehmenden bekommen den Test mit nach Hause. Bei der zweiten Variante steht das Ziel der Selbstkontrolle im Vordergrund. Bei selbstverantwortlichen Kursteilnehmenden ist dieses Verfahren zu empfehlen.

Zur Bewertung der Tests, die zu Hause gemacht wurden, gibt es verschiedene Verfahren:

a) Die Kursleitung korrigiert und bespricht die Musterlösung in der Klasse. Vorteil: KL hat Einblick in den Leistungsstand der Teilnehmenden.
b) Die TN korrigieren sich selbst nach einer vorgegebenen Musterlösung. KL geht herum, hilft bei Unsicherheiten und kann auch auf individuelle Fragen eingehen.
c) Die TN korrigieren sich gegenseitig. Diese Variante ist nur bei einem guten Gruppenzusammenhalt zu empfehlen. KL geht herum und kann auf individuelle Fragen eingehen.

Zum Schluss noch eine Anmerkung: Auch anhand der Gruppendiskussionen, Referate, Rollenspiele usw. in den Lektionen lässt sich der Lernfortschritt feststellen.

Test Lektion 1

Arbeitszeit: 45 Minuten

Name: ______________________

Kapitelüberschrift

1 Meldungen – *Hören**

a) Hören Sie die Meldungen und ergänzen Sie den Raster mit Stichworten.

	Wer?	Wo?
Meldung 1		
Meldung 2		
Meldung 3		

/3

b) Hören Sie die Meldungen noch einmal und ergänzen Sie Stichworte.

	Was ist passiert?
Meldung 1	
Meldung 2	
Meldung 3	

/3

2 Indirekte Rede – *Grammatik*

Formen Sie die Meldungen in die indirekte Rede um.

Meldung	Der Nachrichtensender meldet,
a) Der 1. FC Kaiserslautern gewann überraschend gegen Dortmund.	*der 1. FC Kaiserslautern habe überraschend gegen Dortmund gewonnen.*
b) Ein 12-jähriges Mädchen wird seit dem gestrigen Abend vermisst.	
c) Kommende Woche ist mit anhaltendem Schneefall zu rechnen.	
d) Der Dollarkurs ist wieder gefallen.	
e) Der Schriftsteller Günter Grass erhielt den Literatur-Nobelpreis.	

/4

* Hierzu nimmt KL drei aktuelle Nachrichten aus Radio oder Fernsehen auf. Wenn dies nicht möglich ist, kann er/sie selbst drei aktuelle Nachrichten auf Kassette sprechen und im Kurs vorspielen.

3 Präpositionen – *Grammatik*

Formen Sie die Sätze um, indem Sie *laut, nach* oder *zufolge* verwenden.

Beispiel: Wie vereinbart wurde, müssen Sie den Betrag innerhalb eines Monats bezahlen.
(laut) *Laut der Vereinbarung müssen Sie den Betrag innerhalb eines Monats bezahlen.*

a) Wie das Statistische Bundesamt angab, ging die Zahl der Drogentoten leicht zurück.
(laut) ______________________

b) Wie Zeugen aussagten, flüchtete der Bankräuber mit einem Mercedes.
(zufolge) ______________________

c) Wie der Rettungsdienst meldet, sind alle Lawinenopfer gerettet.
(nach) ______________________

/3

4 Verben der Redewiedergabe – *Wortschatz*

Ergänzen Sie ein passendes Verb in der richtigen Form.

äußern – berichten – bezweifeln – feststellen – hervorgehen – melden – mitteilen – ~~kommentieren~~

a) Es hat mir gefallen, wie der Reporter das Fußballspiel kommentiert hat.

b) Aus der Statistik ______________________, dass die Arbeitslosenzahl in diesem Monat zurückgegangen ist.

c) Ich ______________________, dass das stimmt, was er gesagt hat.

d) Der Polizei wurde ein schwerer Unfall auf der B 12 ______________________.

e) Ich muss Ihnen leider ______________________, dass Ihr Antrag nicht genehmigt wurde.

f) Sie ______________________ ihrem Chef ausführlich über die Ergebnisse der Konferenz.

/5

5 Textpuzzle – *Lesen*

Bringen Sie die Teile dieser Zeitungsmeldung in die richtige Reihenfolge. Beachten Sie dabei die unterstrichenen Wörter.

Ratte legte Maschine der Swissair für zwei Tage lahm

- ☐ <u>Daraufhin</u> hätten sich mehrere Mitarbeiter – zunächst erfolglos – auf die Jagd gemacht.
- ☐ Das 40 Millionen Euro teure Flugzeug werde <u>nun</u> auf technische Defekte überprüft, bevor es wieder in Dienst gehe.
- ☐ <u>Das Nagetier</u> wurde am Sonntagmorgen von einem Mitarbeiter entdeckt, sagte ein Swissair-Sprecher.
- ☐ Eine Ratte hat einen Airbus 319 der schweizerischen Fluggesellschaft Swissair für zwei Tage lahmgelegt.
- ☐ Für den planmäßigen Flug nach Wien sei eine Ersatzmaschine eingesetzt worden.
- ☐ In der Nacht zum Dienstag sei <u>dann</u> die Ratte in die mit Speck präparierte Falle gegangen.

/6

Name: ____________________

6 Kursnachrichten – *Schreiben*

Schreiben Sie eine Nachricht über Ihren Kurs in sechs Sätzen. Wählen Sie eines der folgenden Themen.

a) Streik behindert Anreise der Teilnehmer
b) Rekordzahlen bei der Einschreibung
c) Beginn des Kurses bei totalem Stromausfall
d) Geschenk für den 1., 10., 100., 1000., 100 000. Kursteilnehmer.

/6

Insgesamt: /30

richtige Lösungen	Note
30 – 27	sehr gut
26 – 23	gut
22 – 19	befriedigend
18 – 15	ausreichend
14 – 0	nicht bestanden

Test Lektion 2 und 3

Name: ____________________

Arbeitszeit: 45 Minuten

1 Welche Modalpartikel passt? – *Grammatik*

a) Würdest du mir ___mal___ beim Aufräumen helfen?
(ja – ruhig – mal)

b) Erzähl mir ______________, wenn du Ärger mit deinem Chef hast.
(eigentlich – einfach – vielleicht)

c) Du weißt ______________, dass ich mit ihm nicht klarkomme.
(doch – mal – ruhig)

d) Hast du dir ______________ Gedanken gemacht, was du falsch gemacht hast?
(aber – ja – eigentlich)

e) Man muss sich ______________ arrangieren, wenn man sehr intensiv zusammenarbeitet.
(ruhig – eben – vielleicht)

f) Hab' ich dir ______________ noch nicht erzählt, dass ich die Stelle wechsle?
(einfach – ja – denn)

g) Das ist ______________ eine Neuigkeit! Warum hast du das nicht gleich gesagt?
(eigentlich – aber – eben)

/6

2 Verben – *Wortschatz*

Setzen Sie das passende Verb in der richtigen Form ein.

abheben – anlegen – begleichen – einrichten – ~~erhalten~~ – überweisen – überziehen

a) Frau Siebert hat eine Rechnung für die Reparatur ihrer Waschmaschine ___erhalten___.

b) Sie kann einen Scheck ausstellen oder den Betrag auf das Konto der Reparaturwerkstatt ______________.

c) Auf jeden Fall muss sie die Rechnung innerhalb von vier Wochen ______________.

d) Wer Geld längerfristig ______________ möchte, kann das in Form von Sparbüchern, Sparbriefen, Aktienfonds oder anderen Wertpapieren tun.

e) Wenn man sein Girokonto ______________, das heißt, ins Minus gerät, muss man dafür natürlich Zinsen bezahlen.

f) Nach dem Umzug in eine andere Stadt müssen Herr und Frau Möller erst einmal ein neues Konto ______________.

g) An Geldautomaten kann man in der Regel bis zu 500 Euro täglich von seinem Konto ______________.

/6

Test Lektion 2 und 3

Name: ______________________________

Arbeitszeit: 45 Minuten

3 Sätze bilden – *Grammatik*

Kombinieren Sie die Satzteile zu vier sinnvollen oder witzigen Sätzen. Achten Sie auf die korrekten Endungen der Adjektive.

Er kennt	ein paar	alleinstehend___	Ideen
Wir erinnern uns an	alle	aufrichtig___	Schauspieler
Dir gefallen	viele	beliebt___	Persönlichkeiten
Sie erzählt von	jene	eitel___	Damen
Er beschreibt	keine	frech_e_	Spiele
Leider fehlen uns	unsere	jünger___	Kinder
	zahlreiche	kompliziert___	…
	dieselben	unnahbar___	

/4

4 Bilden Sie das Gegenteil – *Grammatik/Wortschatz*

Adjektiv	Gegenteil	Adjektiv	Gegenteil
a) verbal b) schmerzhaft c) legal d) geeignet e) politisch	nonverbal	f) rational g) kompetent h) harmonisch i) interessant	

/8

5 Synonyme und antonyme Adjektive – *Wortschatz*

Ordnen Sie den Adjektiven jeweils ein Synonym und ein Antonym zu.

aufgeschlossen – aufmüpfig – ~~ausgelassen~~ – fleißig – geizig – großzügig – konformistisch – konservativ – ~~missgelaunt~~ – nachlässig – progressiv – sorgfältig – unnahbar – untätig

	Synonym = gleiche Bedeutung	Antonym = gegenteilige Bedeutung
a) vergnügt b) freigebig c) traditionsverbunden d) arbeitsam e) kontaktfreudig f) oberflächlich g) angepasst	ausgelassen	missgelaunt

/6

richtige Lösungen	Note	richtige Lösungen	Note
30 – 27	sehr gut	18 – 15	ausreichend
26 – 23	gut	14 – 0	nicht bestanden
22 – 19	befriedigend		

Insgesamt: /30

Test Lektion 4 **Name:** ____________________

Arbeitszeit: 45 Minuten

1 *es:* **obligatorisch oder nicht? –** *Grammatik*

Formulieren Sie die Sätze um.

a) Es geht in der Rede um das Thema „Vorurteile".
In der Rede geht es um das Thema „Vorurteile".

b) Es wurden viele Prominente zur Preisverleihung erwartet.
Zur Preisverleihung ____________________

c) Es interessierte ihn sehr, was seine Freunde in Japan über die Deutschen denken.
Was ____________________

d) Es hat mir Spaß gemacht, ein Referat über mein Land zu halten.
Mir ____________________

e) Es ist durchaus möglich, dass er seine Rede nicht halten kann.
Dass er ____________________

f) Es handelt sich hier um einen statistischen Vergleich der europäischen Länder.
Hier ____________________

/5

2 **Textzusammenfassung –** *Lesen*

Lesen Sie den folgenden Zeitungsartikel aus der Zeitung *Die Welt* und ergänzen Sie die anschließende Textzusammenfassung.

Was britische Schüler über die Deutschen denken

London – Mehr als 50 Jahre nach dem Ende des Zweiten Weltkrieges ist Adolf Hitler bei den 14- bis 16-jährigen britischen und irischen Schülern immer noch der berühmteste Deutsche. Unter die ersten zehn einer Bekanntheitsskala kamen auch die Nazi-Verbrecher Joseph Goebbels und Hermann Göring. Das ist das Ergebnis einer vom Londoner Goethe-Institut in Auftrag gegebenen repräsentativen Umfrage in Klassenzimmern, die der „Guardian" gestern veröffentlichte.

Für die Studie wurden knapp 1700 Schüler befragt. Nach Auffassung des Goethe-Instituts bestätigen dabei ans Licht gekommene Vorurteile gegenüber Deutschen und Unkenntnis über das Land „die schlimmsten Befürchtungen". Die Mehrheit der Schülergruppe, die nie in Deutschland gewesen war oder die Sprache gelernt hat, gab an, dass die Deutschen nationalistisch und arrogant seien. Viele von ihnen erklärten auch, sie könnten Deutsche nicht leiden.

Ein positiveres Bild vermittelt dagegen die Popularität von Sportlern aus der Bundesrepublik. Zu den bekanntesten Figuren nach Hitler gehörten der Fußballer Jürgen Klinsmann, die Tennis-Größen Boris Becker und Steffi Graf sowie der Formel-1-Rennfahrer Michael Schumacher. Prominente Plätze erreichten dem Bericht zufolge auch der Komponist Ludwig van Beethoven und der Physiker Albert Einstein.

Die Gruppe der Schüler, die bereits Erfahrungen mit den Deutschen und ihrer Sprache hatten, war mit großer Mehrheit positiv eingestellt. Drei Viertel von ihnen mochten Land und Leute, nur eine kleine Zahl lehnten sie ab. Der Autor der Studie mit dem Titel „Mit Stereotypen zurechtkommen", Geoff Sammon von der Universität Bonn, erklärte, dass dieser Trend umso interessanter sei, als die durchschnittliche Besuchsdauer in Deutschland weniger als zwei Wochen gewesen sei.

In dem Artikel geht es um die Ergebnisse einer (0), die das Goethe-Institut in Großbritannien und Irland durchgeführt hat.	(0) Umfrage
Dabei wurden (1) gefragt, welche berühmten Deutschen sie kennen.	(1) ....
Unter den zehn bekanntesten rangierten vor allem die Nazi-Verbrecher, aber auch (2), deren Image positiv war.	(2) ....
(3) Jugendlichen waren Beethoven und Einstein ein Begriff.	(3) ....
Ein weiteres Ergebnis der Studie war, dass immer noch viele (4) gegenüber Deutschen vorhanden sind.	(4) ....
So sind in den Augen vieler Jugendlicher Nationalismus und (5) bezeichnend für die Deutschen.	(5) ....
Außerdem gaben viele zu, dass sie die Deutschen nicht (6). Interessant	(6) ....
war, dass das Bild vieler Schüler, die nie in Deutschland waren, (7) ist,	(7) ....
während diejenigen, die bereits Kontakte mit den Deutschen und der (8)	(8) ....
hatten, einen (9) Eindruck von Deutschland hatten.	(9) ....

/9

3 Verben des Sagens – *Wortschatz*

Ergänzen Sie das passende Verb in der korrekten Form.

erklären – erzählen – debattieren – kommentieren – mitteilen – ~~reden~~ – sagen – zusammenfassen

a) Er ___redete___ ununterbrochen, ohne eine Pause zu machen.

b) ____________ mal, hast du vergessen, mich anzurufen?

c) Könnten Sie mir bitte ____________, wann der Vortrag stattfindet?

d) Nach der Rede des Bundeskanzlers ____________ die Abgeordneten noch lange über die Steuerreform.

e) Sie kann stundenlang Witze ____________.

/4

4 Welches Wort passt nicht? – *Wortschatz*

Streichen Sie das Wort, das nicht in die Reihe passt.

a) debattieren – rufen – diskutieren – sich unterhalten
b) plappern – nörgeln – schimpfen – meckern
c) kreischen – wispern – grölen – brüllen
d) labern – schwätzen – schwafeln – schreien

/4

Test Lektion 4 **Name:** ______________________

Arbeitszeit: 45 Minuten

5 Benehmen international – *Grammatik*

Geben Sie vier Tipps für Ihr Land. Schreiben Sie die Tipps im Passiv oder mit *man* oder verwenden Sie persönliche Formulierungen als Imperativ.

USA
Bei einem Restaurantbesuch wird einem vom Kellner ein Platz zugewiesen. Setzt man sich selbst an einen freien Tisch, kann es passieren, dass man vergeblich auf den Service wartet.

Tunesien
Generell gilt in arabischen Ländern: Nie mit der linken Hand essen. Die gilt als unrein.

Thailand
Sie sollten nie mit den Fußsohlen auf andere Menschen und schon gar nicht auf Buddhastatuen zeigen.

/8

Insgesamt: /30

richtige Lösungen	Note
30 – 27	sehr gut
26 – 23	gut
22 – 19	befriedigend
18 – 15	ausreichend
14 – 0	nicht bestanden

Test Lektion 5

Name: ______________________

Arbeitszeit: 30 Minuten

1 Genitivpräpositionen – *Grammatik*

Ergänzen Sie die richtige Präposition und den Artikel.

angesichts – anlässlich – trotz – außerhalb – innerhalb – mithilfe – ~~während~~

a) Er schlief doch tatsächlich ___während___ d_er_ Psychologievorlesung ein.
b) ________________ d_____ Filmpremiere kamen Prominente aus dem In- und Ausland.
c) Der Therapeut versuchte ________________ ein_____ Hypnose die Persönlichkeit des Patienten zu analysieren.
d) Sie können auch ________________ d_____ Sprechstunden einen Termin vereinbaren.
e) ________________ dies_____ Tatsache müssen wir unbedingt noch einmal über das Problem reden.
f) ________________ sein_____ Zusage ist er nicht zu der Therapiestunde gekommen.
g) Wenn wir nicht ________________ d_____ nächsten Stunde am Bahnhof sind, verpassen wir den Zug.

/5

2 Redewendungen – *Wortschatz*

Ergänzen Sie das richtige Verb in der richtigen Form.

~~ausschütten~~ – bringen – fragen – schlagen – sprechen – schreien – sein

a) Er hat mir gestern erzählt, was ihn bedrückt. Er hat mir sein Herz ___ausgeschüttet___.
b) Genau das denke ich auch. Du ________________ mir aus der Seele.
c) Es ist jetzt wirklich genug. Du ________________ mich noch um den Verstand!
d) Ich war so aufgeregt. Das Herz ________________ mir bis zum Hals.
e) Er ________________ sich die Seele aus dem Leib. Aber niemand hörte ihn.
f) Sei jetzt still! Du ________________ mir noch die Seele aus dem Leib.
g) Sie sind seit 30 Jahren verheiratet, und sie ________________ immer noch ein Herz und eine Seele.

/5

3 Schriftliche Anfrage – *Schreiben*

Sie interessieren sich für das Thema „Traumsymbolik und Traumdeutung" und suchen dazu Material. Zu diesem Zweck schreiben Sie eine Anfrage an die „Gesellschaft für Traumforschung" (Schraudolphstr. 27, 80799 München). Schreiben Sie zu folgenden Aspekten:

- Informationsmaterial
- Seminare zum Thema
- Teilnahme an einem Seminar als Hörer
- Literaturhinweise.

Name: ______________________

Arbeitszeit: 30 Minuten

/10

richtige Lösungen	Note
20 – 18	sehr gut
17 – 15	gut
14 – 12	befriedigend
11 – 9	ausreichend
8 – 0	nicht bestanden

Insgesamt: /20

Test Lektion 6

Name: ______________________

Arbeitszeit: 30 Minuten

1 Adjektive und Nomen – *Wortschatz*

Wie heißt das Nomen? Ergänzen Sie auch den Artikel.

a) geborgen: die Geborgenheit
b) kompromissfähig: ____________
c) eifersüchtig: ____________
d) opferbereit: ____________
e) passiv: ____________
f) eitel: ____________

/5

2 Nominalisierung – *Grammatik/Wortschatz*

Ergänzen Sie das Nomen und eine passende Präposition.

a) anpassen: Die Anpassung an die neuen Lebensumstände fiel ihr nicht schwer.
b) ähneln: Die ____________ ____ ihrer Zwillingsschwester ist verblüffend.
c) helfen: Aus aller Welt kam schnelle ____________ ____ die Erdbebenopfer.
d) zustimmen: Die schnelle ____________ ____ den Vorschlägen führte zu einem raschen Ergebnis.
e) teilnehmen: Die ____________ ____ der Sitzung ist freiwillig.

pro Nomen 1,0 Punkte; pro Präposition 0,5 Punkte

/6

3 Sätze mit Präpositionalergänzungen – *Grammatik*

Formen Sie die folgenden Sätze so um, dass der Nebensatz wegfällt.

Beispiel: Sie legt viel Wert darauf, viel verdienen zu können.
Sie legt viel Wert auf gute Verdienstmöglichkeiten.

a) Ich beneide sie darum, dass sie so gut aussieht.
Ich ____

b) Die Angestellten rechnen dieses Jahr nicht damit, dass das Gehalt erhöht wird.
____

c) Er neigt oft dazu, zu übertreiben.
____

d) Nur jede siebte Frau legt Wert auf Chancen, in ihrem Beruf aufzusteigen.
____

/4

 Name: ____________________

Arbeitszeit: 30 Minuten

4 Frauen in meinem Land – *Schreiben*

Beschreiben Sie die heutige Situation der Frauen zwischen 25 und 40 Jahren in Ihrem Heimatland. Schreiben Sie fünf Sätze zu folgenden Punkten:

- Heiratsalter
- Familienbegründung
- Berufsausbildung
- Familie und Beruf
- Rollenverteilung früher und heute

/5

Insgesamt: /20

richtige Lösungen	Note
20 – 18	sehr gut
17 – 15	gut
14 – 12	befriedigend
11 – 9	ausreichend
8 – 0	nicht bestanden

Test Lektion 7

Name: ____________________

Arbeitszeit: 30 Minuten

1 Zeitungsbericht rekonstruieren – *Lesen*

Lesen Sie den Zeitungsbericht und bringen Sie die Stichpunkte unten in die richtige chronologische Reihenfolge.

Der „Käufer" mit dem Code

Prozessauftakt um gestohlenes Caspar-David-Friedrich-Gemälde in Potsdam

Potsdam (AP) – Klein hatten sie angefangen, doch als es spektakulär wurde, kam das Ende. Anstatt wie zuvor weniger bekannte Kunstwerke zu stehlen, entwendeten der 24 Jahre alte Tischler Felix N. und sein Freund Sebastian K. ausgerechnet Caspar David Friedrichs berühmte „Ansicht eines Hafens" – ein Bild, das als unverkäuflich gilt. Seit gestern müssen sich die beiden dafür und für acht weitere schwere Diebstähle vor dem Potsdamer Landgericht verantworten.

Nach und nach hätten sie „Gefallen daran gefunden", sich eine eigene Kunstsammlung aufzubauen, erzählte N. Und warum gerade das Friedrich-Bild? „Wir wollten auch ein nettes Ölbild haben", gab der 24-Jährige als Motiv an. „Es war schon immer mein Traum, einen Caspar David Friedrich in den Händen zu halten", sagte der 25-jährige Architekturstudent Sebastian K. Bei einer Führung durch das Schloss Charlottenhof seien seinem Freund und ihm die schlechten Sicherheitsvorkehrungen aufgefallen. Das habe sie auf die Idee gebracht, nachts in den Schlosspark einzusteigen und am Schloss ein Fenster aufzuhebeln. Nachdem kein Alarm losgegangen sei, sei sein Freund eingestiegen und habe das nächst beste Bild gegriffen. Felix N. sagte, zunächst hätten die beiden das Gemälde behalten wollen. Nach den Presseberichten sei ihnen klar geworden, „dass wir es ohnehin nie hätten aufhängen können". Deshalb hätten sie sich zum Verkauf entschlossen. Er selbst habe dann nach möglichen Käufern gesucht. Über Bekannte sei er an einen früheren Stasi-Mitarbeiter geraten, der sich als Vermittler angeboten habe. Doch der wollte gar nicht kaufen: Er ließ sich das Bild nur zeigen und verständigte per Funk mit einem Codewort die von ihm bereits eingeschaltete Polizei. Felix N. wurde dabei festgenommen, sein Freund K. stellte sich kurz darauf den Behörden.

Die Staatsanwaltschaft wirft den Beschuldigten schweren Diebstahl in insgesamt neun Fällen vor. Dabei sollen sie abgesehen von dem Caspar-David-Friedrich-Bild Kunstwerke im Gesamtwert zwischen 300 000 und 600 000 Mark gestohlen und zu Hause gehortet haben. Laut Anklage sollen die beiden die „Ansicht eines Hafens" gezielt gestohlen haben, um es zu verkaufen.

- ☐ Kontakt zu ehemaligem Stasi-Mitarbeiter
- ☐ Entwendung des C.-D.-Friedrich-Gemäldes
- ☐ Führung durch das Schloss Charlottenhof
- ☐ Anklage vor dem Landgericht
- ☐ Einstieg in Schlosspark und Schloss
- ☐ Verständigung der Polizei durch Kontaktmann
- ☐ Suche eines Käufers
- 1 Diebstahl weniger bekannter Kunstwerke
- ☐ Idee zum Diebstahl im Schloss

/8

2 Einfaches Verb versus Nomen-Verb-Verbindung – *Grammatik*

Formen Sie entweder das Verb in eine Nomen-Verb-Verbindung um oder umgekehrt.

Beispiel: Der Staatsanwalt wurde wütend, weil die Zeugen so unterschiedliche Beobachtungen schilderten.
Der Staatsanwalt ___geriet in___ Wut, weil die Zeugen so unterschiedliche Beobachtungen schilderten.

a) Ein Zeuge **geriet unter Verdacht**, eine Falschaussage gemacht zu haben.
Ein Zeuge ____________________, eine Falschaussage gemacht zu haben.

b) Nach zwei Stunden **brachte** der Richter die Beweisaufnahme **zum Abschluss.**
Nach zwei Stunden ______________ der Richter die Beweisaufnahme ______________.

c) Der Verteidiger **beantragte**, die Verhandlung zu vertagen.
Der Verteidiger ______________, die Verhandlung zu vertagen.

d) Er **bemühte sich**, ausreichend Gründe für seinen Antrag anzugeben.
Er ______________, ausreichend Gründe für seinen Antrag zu finden.

e) Daraufhin **machte sich** der Richter über eine Vertagung **Gedanken.**
Daraufhin ______________ der Richter über eine Vertagung ______________.

f) Das Plädoyer des Verteidigers am darauffolgenden Tag **wurde** sehr **beachtet.**
Das Plädoyer des Verteidigers am darauffolgenden Tag ______________.

/6

3 Strafen für Schwarzfahrer – *Wortschatz*

Ergänzen Sie in der abgedruckten Diskussion die passenden Nomen.

Abschreckung – ~~Delikte~~ – Erpressung – Gesetz – Haftstrafe – Kriminalität – Straftäter

Die Seite der Befürworter:
Also, ich finde, auch Schwarzfahren ist ein Verbrechen, das genauso bestraft werden muss, wie andere (0) Delikte.
Es spielt doch wirklich keine Rolle, was man gemacht hat, wichtig ist, dass man gegen das (1) ______________ verstoßen hat. Ich finde, auch Schwarzfahrer sind Kriminelle, die so hart wie möglich bestraft werden sollten, notfalls auch mit einer (2) ______________.
Wenn diese Leute nur eine Geldbuße bekommen, begehen sie doch bald wieder eine Straftat.
Und ich finde, man muss rechtzeitig etwas gegen die steigende (3) ______________ tun.

Die Seite der Gegner:
Habe ich Sie gerade richtig verstanden? Sie wollen doch nicht wirklich verlangen, dass Schwarzfahrer ins Gefängnis müssen! Sie können doch Schwarzfahren nicht zum Beispiel mit Diebstahl oder (4) ______________ vergleichen!
Jeder von uns hat doch schon einmal seine Fahrkarte vergessen! Außerdem bin ich sicher, dass so eine harte Strafe auf keinen Fall zur (5) ______________ dient. Und stellen Sie sich mal vor, wie viele Gefängnisse wir da bräuchten!
Ich meine, wir sollten uns mehr um die Hilfe für jugendliche (6) ______________ kümmern.

/6

richtige Lösungen	Note
20 – 18	sehr gut
17 – 15	gut
14 – 12	befriedigend
11 – 9	ausreichend
8 – 0	nicht bestanden

Insgesamt: /20

Test Lektion 8 Name: ______________________

Arbeitszeit: 30 Minuten

1 Standpunkte verstehen – *Lesen*

Stellen Sie fest, wie die Münchener Wissenschaftler folgende Bereiche der Gentechnik beurteilen: positiv oder negativ bzw. skeptisch.

		positiv	negativ/ skeptisch
0	Die Anwendung gentechnischer Medikamente	X	
1	Heilung genetisch bedingter Krankheiten durch intakte Gene		
2	Gentherapie bei Embryos ohne Veränderung der Keimzellen		
3	Veränderung der Keimzellen und damit eine Verhinderung von Erbkrankheiten		

Gentechnik: Eingriffe am Menschen

Ein Modell zur ethischen Bewertung

Zu dem heiklen Thema „Gentechnik am Menschen" haben fünf Wissenschaftler der Ludwig-Maximilians-Universität München ein „Eskalationsmodell" erarbeitet.

Die erste Stufe des Modells bildet die Anwendung gentechnisch hergestellter Medikamente beim Menschen. Zur Produktion dieser Medikamente ist eine gentechnische Veränderung nicht menschlicher Spezies wie Bakterien notwendig. Die Behandlung mit solchen Medikamenten wird als ethisch unbedenklich eingestuft.

Die zweite Stufe: Körperzellen oder Organe des Menschen, die von einem genetischen Defekt betroffen sind, werden mit intakten Genen ausgestattet. Dies lässt sich ethisch rechtfertigen, wenn es der Heilung einer Krankheit dient.

Die dritte Stufe: In den USA wird bereits im Tierexperiment getestet, ob eine Gentherapie möglicherweise bereits am Ungeborenen durchgeführt werden kann. Dies könnte unter Umständen helfen, genetische Defekte, die zu Missbildungen führen, frühzeitig zu behandeln. Diese Stufe scheint dann ethisch vertretbar, wenn Veränderungen der Keimzellen ausgeschlossen sind.

Die vierte Stufe: Eine eventuell mögliche Verhinderung von Erbkrankheiten für zukünftige Generationen erscheint zumindest aus medizinischer Sicht ein wünschenswertes Ziel. Doch erläutern fünf Wissenschaftler, dass bereits der Weg zu einer solchen Therapie nicht zu rechtfertigen ist und dem Prinzip der Menschenwürde widerspricht.

/6

Test Lektion 8

Name: ______________________

Arbeitszeit: 30 Minuten

2 Präpositionen – *Grammatik*

Ergänzen Sie die fehlenden Präpositionen.

a) Aspirin wurde in Deutschland kurz ____vor____ der vorletzten Jahrhundertwende entwickelt.
b) Das Medikament kann ____________ starken Schmerzen verabreicht werden.
c) Die Tabletten werden ____________ Flüssigkeit eingenommen.
d) Erst ____________ zwei Stunden ließ der Schmerz nach.
e) Er forscht ____________ Bereich der Gentechnologie.
f) ____________ einer Tagung wurden die neuesten medizinischen Apparate vorgestellt.
g) Die Wissenschaftler rechnen ____________ Kürze ____________ einem Ergebnis.
h) Günter Blobel bekam den Nobelpreis ____________ Medizin.
i) Er forschte im Bereich der molekularen Zellbiologie ____________ der Rockefeller-Universität in New York.
j) Der Patient wurde gerade ____________ den Operationssaal geschoben.
k) Viele Krankheiten können ____________ wirksame Medikamente geheilt werden.

/10

3 Nomen – *Wortschatz*

Ergänzen Sie das richtige Wort.

Entwicklung – ~~Experimente~~ – Fortschritt – Heilungsprozess – Medikament – Studie – Untersuchung – Versuche

a) Sie musste unendlich viele ____Experimente____ machen, um zu einem sicheren Ergebnis zu kommen.
b) Zur Bekämpfung von Diabetes wurde ein neues ____________ entwickelt.
c) Der ____________ bei dieser Krankheit kann unter Umständen sehr lange dauern.
d) Bei einer ____________ mit Testpersonen fand man heraus, dass es bei dem Medikament kaum Nebenwirkungen gibt.
e) Die ____________ beim Arzt dauerte nicht lange.

/4

Insgesamt: /20

richtige Lösungen	Note
20 – 18	sehr gut
17 – 15	gut
14 – 12	befriedigend
11 – 9	ausreichend
8 – 0	nicht bestanden

Test Lektion 9

Name: ______________________

Arbeitszeit: 30 Minuten

1 Ausdrücke der Vermutung – *Grammatik*

Ersetzen Sie die Ausdrücke der Vermutung durch Modalverben und umgekehrt.

Beispiele: Die bekannte Operndiva dürfte das Angebot abgelehnt haben, weil man ihr zu wenig Gage bot.
Die bekannte Operndiva ***hat*** *das Angebot* ***vermutlich abgelehnt,*** *weil man ihr zu wenig Gage bot.*

oder: Möglicherweise ist sie aber auch überlastet.
Sie ***könnte*** *aber auch* ***überlastet sein.***

a) Mein Freund hat mich zu den Opernfestspielen eingeladen. Für die Eintrittskarten hat er ganz sicher viel Geld bezahlt.

____

b) Die Plätze in der Loge kosten angeblich über 100 Euro.

____

c) Wahrscheinlich sind wir nicht die Einzigen, die sich für diesen Abend neu einkleiden.

____

d) Die männliche Hauptrolle soll in der kommenden Saison neu besetzt werden.

____

e) Sie könnte dann von dem begabten jungen japanischen Tenor gesungen werden.

____

f) Dieser Sänger behauptet, er habe nie Fremdsprachen gelernt, aber er singt akzentfrei auf Italienisch und Deutsch.

____

g) Es ist zwar möglich, dass es schon spektakulärere Inszenierungen gegeben hat, diese hat uns aber besonders gut gefallen.

____

/7

2 Korrektur – *Schreiben*

Markieren Sie in dem Brief acht weitere Fehler und schreiben Sie die richtige Form in die Spalte rechts.

Köln, den März 3.1999

Liebe KUNSTKARTEN-Freund, lieber KUNSTKARTEN-Freund,

leider wir konnten bislang keine Zahlung zum Ausgleich der unten aufgeführten Rechnung/en feststellen. Wir bitten Sie daher, die noch ausstehenden Betrag zu überweisen. Bitte benutzen Sie hierfür anhängende Überweisungsformular.

Sollten Sie die Rechnung/en bereits beglichen haben, teilen Sie uns bitte den Betrag, das Zahlungsdatum und das Konto, auf das Sie überwiesen haben. Eventuell wurde die Rechnungsnummer von der Bank falsch oder vollständig übermittelt, sodass Ihre Zahlung nicht richtig zugeordnet werden sollte.

Vielen Dank für Ihr Mithilfe.

Mit freundlichen Gruß

Ines Meyer

Ines Meyer
Buchhaltung

Rechnung	vom	Betrag
1901152	21.01.99	39.00

Spalte rechts:

3. März
-Freundin
____
____
____
____
____
____
____
____
____
____
____

/8

Test Lektion 9

Name: ______________________

Arbeitszeit: 30 Minuten

3 Attribution – *Grammatik*

Formen Sie die Ausdrücke in Klammern in Partizipialkonstruktionen, Appositionen oder eine andere Form von Attribution um.

Beispiel: Kandinsky war ein russischer Maler (in München leben und arbeiten)
Kandinsky war ein russischer Maler, der in München lebte und arbeitete.

a) Gemeinsam mit den Künstlern Franz Marc und August Macke gründete er den „Blauen Reiter“. (Künstlervereinigung, heute noch berühmt)

____

b) Wichtige Werke der Gruppe sind in einem Münchner Museum (Name: Lenbachhaus) zu sehen.

____

c) Viele Besucher (interessiert an der Kunst des „Blauen Reiters“) finden jährlich den Weg dorthin.

____

d) Farben (leuchten) und Formen (auf geometrischen Figuren basieren) sind ein Merkmal der Bilder.

____

e) In Murnau steht noch das Gabriele-Münter-Haus (verbrachten Kandinsky und die Malerin Gabriele Münter viel Zeit).

____

/5

4 Bildbeschreibung – *Schreiben*

Beschreiben Sie die beiden Gegenstände und weisen Sie auf die Unterschiede hin.

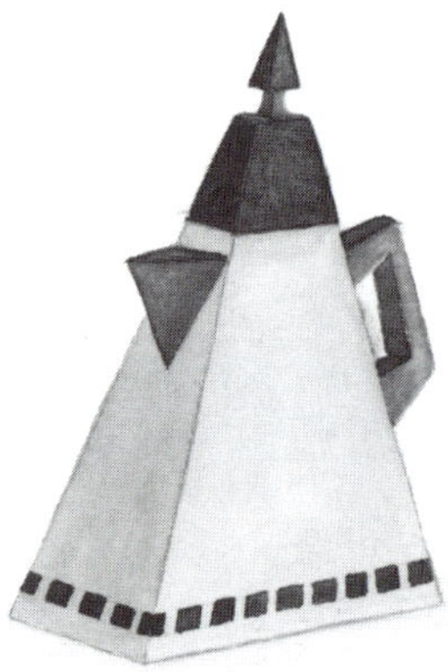

Beginnen Sie so: *Auf beiden Bildern ist … zu sehen.*

/10

richtige Lösungen	Note
30 – 27	sehr gut
26 – 23	gut
22 – 19	befriedigend
18 – 15	ausreichend
14 – 0	nicht bestanden

Insgesamt: /30

Lösungen zu den Tests

Lektion 1

2 b) ... ein 12-jähriges Mädchen werde seit dem gestrigen Abend vermisst. c) ... kommende Woche sei mit anhaltendem Schneefall zu rechnen. d) ... der Dollarkurs sei wieder gefallen. e) ... der Schriftsteller Günter Grass habe den Literatur-Nobelpreis erhalten.
3 a) Laut Angaben des Statistischen Bundesamts ging die Zahl der Drogentoten leicht zurück. b) Zeugenaussagen zufolge flüchtete der Bankräuber mit einem Mercedes. c) Nach Meldung des Rettungsdienstes wurden alle Lawinenopfer gerettet.
4 b) geht hervor c) bezweifle d) gemeldet e) mitteilen f) berichtet
5 1: Eine Ratte ... 2: Das Nagetier ... 3: Daraufhin ... 4: Für den ... 5: In der Nacht ... 6: Das 78 Millionen ...

Lektion 2 + 3

1 b) einfach c) doch d) eigentlich e) eben f) denn g) aber
2 b) überweisen c) begleichen d) anlegen e) überzieht f) einrichten g) abheben
4 b) schmerzlos/schmerzfrei c) illegal d) ungeeignet e) apolitisch/unpolitisch f) irrational g) inkompetent h) unharmonisch i) uninteressant
5 b) großzügig – geizig c) konservativ – progressiv d) fleißig – untätig e) aufgeschlossen – unnahbar f) nachlässig – sorgfältig g) konformistisch – aufmüpfig

Lektion 4

1 b) Zur Preisverleihung wurden viele Prominente erwartet. c) Was seine Freunde in Japan über die Deutschen denken, interessierte ihn sehr. d) Mir hat es Spaß gemacht, ein Referat über mein Land zu halten. e) Dass er seine Rede nicht halten kann, ist durchaus möglich. f) Hier handelt es sich um einen statistischen Vergleich der europäischen Länder.
2 1 Schüler; 2 Sportler; 3 Vielen; 4 Vorurteile; 5 Arroganz; 6 mögen; 7 negativ/schlecht; 8 (deutschen) Sprache; 9 positiven/guten
3 b) Sag c) mitteilen d) debattierten e) erzählen
4 a) rufen b) plappern c) wispern d) schreien

Lektion 5

1 b) Anlässlich der c) mithilfe einer d) außerhalb der e) Angesichts dieser f) Trotz seiner g) innerhalb der
2 b) sprichst c) bringst d) schlug e) schrie f) fragst g) sind

Lektion 6

1 b) der Kompromiss / die Kompromissfähigkeit c) die Eifersucht d) die Opferbereitschaft e) die Passivität f) die Eitelkeit
2 b) Ähnlichkeit mit c) Hilfe für d) Zustimmung zu e) Teilnahme an
3 a) Ich beneide sie um ihr gutes Aussehen. b) Die Angestellten rechnen dieses Jahr nicht mit einer Gehaltserhöhung. c) Er neigt zu Übertreibungen. d) Nur jede siebte Frau legt Wert auf Aufstiegschancen im Beruf.

Lektion 7

1 2: Führung durch ... 3: Idee zum ... 4: Einstieg in ... 5: Entwendung des ... 6: Suche eines ... 7: Kontakt zu ... 8: Verständigung der ... 9: Anklage vor ...
2 a) wurde verdächtigt b) schloss ... ab c) stellte den Antrag d) gab sich Mühe e) dachte ... nach f) fand große Beachtung
3 (1) Gesetz (2) Haftstrafe (3) Kriminalität (4) Erpressung (5) Abschreckung (6) Straftäter

Lektion 8

1 1: positiv 2: positiv 3: negativ/skeptisch
2 b) bei c) mit d) nach e) im f) Auf g) in, mit h) für i) an j) in k) durch
3 b) Medikament c) Heilungsprozess d) Studie e) Untersuchung

Lektion 9

1 a) Für die Eintrittskarten muss er viel Geld bezahlt haben. b) Die Plätze in der Loge sollen über 100 Euro kosten. c) Wir dürften nicht die Einzigen sein, die sich für diesen Abend neu einkleiden. d) Man sagt, die männliche Hauptrolle wird/werde in der kommenden Saison neu besetzt. e) Sie wird möglicherweise/vielleicht von dem begabten jungen japanischen Tenor gesungen. f) Dieser Sänger will nie Fremdsprachen gelernt haben, aber er singt akzentfrei auf Italienisch und Deutsch. g) Es könnte/kann/mag schon spektakulärere Inszenierungen gegeben haben, diese hat uns aber besonders gut gefallen.
2 leider konnten wir; den noch ausstehenden Betrag; anhängendes Überweisungsformular / das hierfür angehängte Überweisungsformular; teilen Sie uns bitte ... mit; unvollständig übermittelt; zugeordnet werden konnte; Ihre Mithilfe; Mit freundlichen Grüßen / Mit freundlichem Gruß
3 a) Gemeinsam mit den Künstlern Franz Marc und August Macke gründete er den „Blauen Reiter", eine Künstlervereinigung, die heute noch berühmt ist (eine heute noch berühmte Künstlervereinigung). b) Wichtige Werke der Gruppe sind in einem Münchner Museum namens Lenbachhaus (das Lenbachhaus heißt/mit dem Namen Lenbachhaus) zu sehen. c) Viele an der Kunst des „Blauen Reiters" interessierte Besucher finden jährlich den Weg dorthin (viele Besucher, die an ... interessiert sind). d) Leuchtende Farben und auf geometrischen Figuren basierende Formen sind ein Merkmal der Bilder. e) In Murnau steht noch das Gabriele-Münter-Haus, wo / in dem Kandinsky und die Malerin Gabriele Münter viel Zeit verbrachten.